KB220799

전심법요 · 완릉록

禪典叢書
8

전심법요 · 완릉록

황벽희운 著
정운 講說

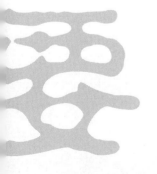

운주사

책을 열며

"내 눈앞에 보이는 것은 단지 솜 털투성이의 한 마리 애벌레뿐인데,
 나의 내부에 그리고 당신 내부에 한 마리의 나비가 들어 있다고
 어떻게 믿을 수 있어요?"

트리나 폴러스의 『꽃들에게 희망을』에 나오는 대사이다. 어린 시절,
노란색 바탕에 애벌레들이 기둥에 매달려 있는 그림책을 읽었다.
그 책의 내용을 받아들이기에는 정신적으로 어렸지만, 깊고 깊은
인간 내부에 참 삶의 본질이 있을 거라는 확신을 가졌다. 아마 학창시절
의 이런 사유들이 필자로 하여금 수행자가 되도록 이끌었던 것이
아닌가 싶다.

대학에 들어와 학부 때, 『전심법요』를 보고 큰 환희심이 일었다.
이후 이 어록을 도반들에게 선물하고, 강사가 되어서는 대학원 강의에
서 교재로 썼으며, 논문 여러 곳에 활용하기도 하였다. 그러다 한국불
교학 79집(2016. 9)에 「傳心法要에 나타난 大乘禪觀 小考」를 실으면
서 『전심법요』의 깊이를 마음에 새겼다. 이후 2017년 법보신문에
1년간 『전심법요』를 연재하였다. 연재는 황벽의 선사상을 또 다른
관점으로 넓힐 수 있는 계기였다. 이제, 연재할 당시 미흡했던 부분을
보충하고 가다듬어 이렇게 세상에 내놓는다.

필자의 박사논문 주제는 마조선馬祖禪이다. 그리고 황벽은 마조 도일(709~788)의 손자뻘에 해당하는 제자로서, 마조의 사상을 올곧 게 받아들이고 법을 이은 분이라고 해도 과언이 아니다. 따라서 황벽의 『전심법요』와 『완릉록』은 조사선祖師禪의 정점頂点이라고 봐도 과언 이 아니다. 조사선의 관점은 본각本覺·본래성불本來成佛된 입장에서 출발한다. 번뇌로 가득 찬 중생에게 빛나는 보석이 구족되어 있음을 강조하는 바다. 한마디로 황벽의 말씀은 통쾌한 선사상이요, 인간의 자유와 해방을 제시한다.

오랫동안 여러 분야의 원고를 썼고, 논문도 다양한 분야를 다루었 다. 그런데 『전심법요』를 대할 때는 마음가짐이 다르다. 마치 수십여 년을 타향에서 헤매다 고향에 도착해 편안한 밤을 맞이하는 느낌이라 고 할까?! 이제까지 출판했던 십여 권의 책들이 오롯이 이 한 권을 위한 준비작업이었다는 생각까지 든다.

선의 진리는 선사들만의 고유 영역이 아니다. 누구나 공유할 수 있는 이야기요 진리다. 독자들께서 본래성을 돌이켜 현 삶에서 불조佛 祖의 적적寂寂한 경지에 머물기를 바란다. 이 세상 모든 만물이 고통을 여의고 행복하기를 불전佛前에 간절히 발원한다. 나무아미타불.

이천십구년 이른 새해를 맞이하며
니련선하원 정운

1) 황벽 선의 시대적인 배경

황벽 희운(黃檗希運, ?~856) 선사가 활동한 시대는 당나라 말기로, 조사선이 싹터 한창 발전하던 때이다. 당시의 사회적·불교사적 배경을 보면, 당대唐代 교학불교의 여러 종파가 형성되어 최대의 전성기를 누릴 무렵으로, 사회적으로는 두 개의 큰 사건이 발생하였다. 하나는 당 무종 때의 회창파불이고, 다른 하나는 회창파불보다 80여 년 앞서 일어난 안사의 난이다.

안사의 난(755~763)은 태평하던 중국사회에 문화와 역사, 정치까지 영향을 끼친 대사건이다. 특히 당 왕조의 정치적 권위를 붕괴시킨 사건으로, 새로운 시대를 알리는 혁신적인 분위기가 태동하였다. 정치적으로는 지방 절도사의 권력이 막강했으며, 민정·재정·군사를 장악한 강대한 지방 권력의 지배체제가 형성되기 시작하던 때였다.

회창파불(845~847)은 삼무일종三武一宗의 법난 가운데 가장 피해가 심했던 대규모의 법난이었으며, 전국적으로 일어난 파불사건이다. 이 사건은 황제의 신임을 받은 도교의 도사 조귀진이 무종(在位 840~846)과 결탁해 일으킨 대대적인 법난이다. 물론 당시 불교 내부에서도 자정 능력이 부족하였다. 즉 사원 소유의 장원이 증가함에 따라 국가의 경제적인 문제가 발생했고, 교단적으로 승려의 부패와

타락, 그리고 유랑하는 승려나 사도승私度僧 등의 횡행도 한 몫 하였다.

『구당서』의 「무종본기」에 의하면, 회창파불로 인해 불교계에 피해가 매우 컸다고 한다. 파괴된 유명 사원이 4,600여 개, 무명 사원은 4만여 개, 환속한 승려는 26만 500명, 몰수된 전답은 수천만 경, 양세호로 바뀐 사원 소속의 노비는 15만 명이 되었다고 한다. 이 사건 이후 다음 황제인 선종의 불교 부흥에도 파불 이전으로의 회복이 불가능했다고 하니, 피해가 얼마나 심각했는지를 짐작할 수 있다.

그런데 파불사건으로 경전 중심의 교학불교가 큰 피해를 입은 반면, 실천적인 성격의 선종이나 정토종은 오히려 번성하였다. 이 시기를 기점으로 조사선이 확장 발전되기 시작했는데, 선종이 번창한 것은 사회 상황과도 무관하지 않다. 선종이 발전할 수 있었던 원인을 두 가지로 볼 수 있다. 하나는, 교종은 귀족사회와 중앙제도권 중심이었던 반면 선은 토속적인 시골(江西省과 湖南省)을 배경으로 발전했는데, 국가의 혼란으로 중앙 권력이 약화되고 지방 분권이 독립적으로 되는 때에 시골 호족과 선사들의 코드가 맞았다는 점이다. 또 하나는, 어려운 시대에도 굴하지 않고 수행에 열망이 많은 선자禪者들이 다수 배출되었기 때문이라고 본다. 황벽 희운도 이런 선사들 중 한 분이다.

이와 같은 안사의 난과 회창파불의 격동기를 지나 황벽이 활동하였다. 이렇게 사회적으로 파불이 끝나고, 선종의 5가(마조 문하 위앙종과 임제종, 석두 문하에서 운문종·조동종·법안종) 7종(임제종계에서 배출된 황룡파와 양기파)이 성립되려는 찰나, 황벽의 선사상은 선종사의 큰 물줄기를 형성하는 진원지 역할을 하였다고 볼 수 있다.

황벽은 속성이나 생몰년이 정확하지 않다. 다만 선종사에서 그의 입적을 대중년간(847~859)이라고 보는데, 위앙종의 위산 영우(771 ~853)의 생몰년에 비추어 추정할 뿐이다.[1] 황벽의 법휘는 희운希運, 시호는 단제斷際이다. 그는 복건성福建省 복주福州 민현閩縣 출신으로 일찍이 자신의 고향인 황벽산 만복사에 출가하였다. 황벽은 후에 강서성江西省 의풍현宜豊縣에 거주하며 법을 펼쳤는데, 고향의 산 이름을 그대로 따서 황벽산이라고 고쳐 불렀다. 황벽산이 중국 선종사에 강서성과 복건성, 두 곳에 위치한 셈이다.

황벽은 출가 후 여러 지역을 돌아다니다가 천태산에 올라 어떤 노파로부터 백장 선사 이야기를 듣고, 멀리 강서로 가서 위산과 함께 백장 회해(百丈懷海, 749~814)의 법을 받았다. 황벽은 신장이 7척으로 이마에는 육주肉珠가 있는 대장부였으며 사소한 일에 집착하지 않는 활달한 천성이었다고 한다. 마조 - 백장 법맥인 황벽의 선풍禪風은 간명직절하고, 실천은 고고한 면이 드러나 있다. 이어서 제자 임제 의현(臨濟義玄, ?~866)으로 법이 이어졌다. 황벽의 선사상이 드러난 어록은 『전심법요』와 『완릉록』인데, 이 두 어록에 의해 조사선의 선풍이 확립되고 체계를 이루었다는 평가를 받고 있다.

2) 『전심법요』와 『완릉록』 기록자인 배휴, 황벽과의 인연

황벽의 사상을 알 수 있는 어록은 『전심법요』와 『완릉록』이다. 이 어록에 서문을 쓰고 편찬한 사람이 배휴(裵休, 797~870)이다. 배휴는 하남성 맹주 제원 출신으로 당나라 때의 유명한 정치가이다. 목종

---

1 황벽과 위산 영우는 동시대 사람으로 모두 백장의 제자이다. 곧 두 선사는 사형사제인 셈이다.

때 진사시험을 거처 관리가 되었고, 852년 중서문하평장사中書門下平章事와 중서시랑中書侍郞을 역임하였다. 문장에 능했고, 글씨도 잘 썼으며, 교양이 깊고 성품이 온화한 인물로 정평이 나 있었다. 배휴는 당대의 기라성 같은 선사 세 분을 스승으로 섬겼다. 처음에는 규봉 종밀(圭峯宗密, 780~841)을 섬겼으며, 다음 위산 영우(潙山靈祐, 771~853)와 황벽 희운(黃檗希運, ?~856)을 스승으로 모셔 공부하였다.

배휴는 선종 5가 가운데 최초로 개산開山한 위앙종潙仰宗의 위산 영우가 동경사에서 법을 펼칠 수 있도록 적극적인 지원을 해주었다. 이에 위산이 동경사를 배경으로 선을 펼쳤는데, 그의 문하에 1,500여 명의 제자가 모였다.

황벽과 배휴의 처음 만남은 드라마틱한 기연機緣으로 『전등록』권12에 자세히 기록되어 있다.

황벽이 대중을 떠나 이름을 감추고 대안정사에서 허드렛일을 하며 지낼 때이다. 마침 배휴가 와서 불전에 참배하고 벽화를 감상하고 있었다. 벽화를 보던 배휴가 주지에게 물었다.

"저 그림은 누구의 초상입니까?"

"고승의 초상입니다."

"영정은 여기 있지만, 고승은 어디에 있습니까?"

주지가 아무 말도 못하자, 배휴가 '이 절에 참선하는 사람이 없느냐?'고 물었다.

"요즘 어느 객승이 머물며 허드렛일을 하고 있는데, 그가 참선하는 스님인 것 같습니다."

곧 황벽이 도착하자, 배휴가 물었다.

"제가 아까 스님들께 '영정은 여기 있는데, 고승은 어디 있습니까?' 라고 질문했는데, 아무도 대답하지 못하더군요. 스님께서 한 말씀 해주시지요?"

"배휴!"

황벽의 큰 일갈에 배휴가 놀라 얼떨결에 황벽을 쳐다보았다.

"그대는 어디 있는가?"

이 이야기는 황벽형의黃蘗形儀라는 공안으로 널리 알려져 있다. 배휴가 현재 자신이 서 있는 곳을 몰라서 황벽이 소리쳐 불렀을까? 스스로 불성을 지닌 존재라는 것을 염념念念에 잊지 않고 자각시키는 방편이라고 볼 수 있다. 또한 황벽이 배휴에게 '고승의 초상이 누구인지?'를 아는 것이 중요한 것이 아니라, 현재 그 고승을 보고 있는 주인공, 그 본성을 자각하는 주체자를 아는 것이 더 중요함을 경책한 것이다.

황벽의 시호는 '단제'인데, 배휴의 권유로 당나라 선종(在位 846~859)이 내려준 것이다. 선종이 황제가 되기 전, 13살 때 왕실에서 추방되어 염관사라는 절에 머문 적이 있는데, 당시 황벽도 그 절에 함께 있었다. 황벽이 예불을 마치고 돌아서는데 어린 선종이 "왜 부처를 신봉하지 말라고 하면서 예불을 올리느냐?"고 물었다. 황벽은 선종에게 대답은 하지 않고, 다짜고짜로 뺨을 몇 차례 때렸다. 수년 후 선종이 황궁으로 돌아와 황제가 되었다. 몇 년 후 마침 재상인 배휴가 선종에게 황벽의 시호를 하나 내려달라고 하자, 선종은 황벽에게 빰 맞았던 옛일을 떠올리며 추행사문麤行沙門이라는 호를 내렸다. 이에 맞서 배휴가 "폐하에게 3번 손찌검을 한 것은 3제의 윤회를 끊어주기(斷) 위함입니다."라고 하자, 선종이 마음을 돌려 단제斷際라는 호를 내려 주었다.

배휴는 황벽을 만나기 이전 규봉 종밀(화엄종의 5조이며 하택종의 5조)에게 가르침을 받았으며, 종밀의 여러 저서에 서문을 지었다. 그런데 배휴는 황벽을 만난 이후 그의 선기禪機에 영향을 받아 마음에 큰 변화가 있던 것으로 보인다. 배휴가 황벽에 대해 평을 하였는데, 『전등록』에 이렇게 전한다.

"나는 규봉 종밀 선사를 선과 교에 달통한 분으로 매우 존경했지만, 황벽 선사에게 마음이 기울어져 보니, (이전 종밀에 귀의했던 것과는) 감히 비교가 되지 않는다."

배휴는 황벽을 통해 선에 대한 관심이 증폭되었으며, 황벽을 통해 새롭게 선을 배울 수 있는 계기가 되었던 것으로 생각된다.

3) 어록의 탄생 및 황벽선의 선종사적 위치

배휴는 회창2년(842년) 강서성江西省 종릉鐘陵의 관찰사로 재임할 때, 황벽을 홍주(洪州; 현 南昌)의 수부首府로 모셔다가 용흥사에 머물게 하고, 조석으로 도를 물었다. 몇 년 후, 배휴가 대중大中2년(849년)에 완릉宛陵의 관찰사로 전임이 되자, 예를 갖추어 황벽을 다시 개원사로 모셨다. 여기서도 선사에게 아침저녁으로 도를 묻고 가르침을 받았다.

이때 황벽에게 가르침을 받으며 필록筆錄해 두었다가 황벽이 입적한 뒤에 황벽의 제자들과 장로들의 증명을 받아 세상에 유포시킨 어록이 『전심법요』와 『완릉록』이다. 배휴가 아니었다면 황벽의 선사상은 사장되었을지도 모른다.

선연호운善緣好運, 좋은 인연은 좋은 운을 불러들인다는 말이 있다. 두 분의 만남으로 인한 그 결과물이 1,200여 년이 흐른 즉금에까지 수행자들에게 수행의 나침반이 되고 있으니, 이들의 만남을 천재일우千載一遇라고 해도 과언이 아닐 것이다.

앞에서 언급한 대로 『전심법요』는 배휴가 종릉에서 문법聞法한 것을 직접 기술한 것이며, 『완릉록』은 배휴가 완릉의 개원사에서 문법한 기록을 기저로 하여 성립된 것이다. 원제는 『황벽단제선사전심법요黃檗斷際禪師傳心法要』, 『황벽단제선사완릉록黃檗斷際禪師宛陵錄』이다. 일반적으로 이 2권을 통칭해 『전심법요』라고도 한다.

어록 내용은 전반적으로 배휴가 황벽에게 법을 묻고, 황벽이 대답해 주는 형식으로 구성되어 있다. 어록에 전하는 언어들은 간명하고도 평이하며 격외언구格外言句의 고준高峻한 말들을 사용하지 않으면서도 선의 이치가 논리적으로 전개되어 있다. 이 때문에 선의 개론서로서의 성격뿐만 아니라 조계종의 정통 선사상을 이해하는 데 긴요한 어록으로 평가받고 있다.

황벽이 입적한 2~3년 후인 857년에 『전심법요』와 『완릉록』이 출간되어 952년 『조당집祖堂集』에 실렸고, 1048년 『경덕전등록』 9권 말미에 부록으로 실렸다. 이후 원판元版 대장경에 입장入藏되었다. 우리나라에서는 1883년에 감로사에서 『법해보벌法海寶筏』이라는 제목으로 출간되었고, 1908년 부산 범어사에서 간행된 『선문촬요禪門撮

要』에도 실려 있다. 일본에서는 선학자들에 의해 여러 편역이 나왔으며, 우리나라에서는 일지 스님·유진 스님[2]·수불 스님·무비 스님·김태완 등이 편역하였고, 동국역경원에서도 발간되었다.

이제 황벽의 선사상사적 위치를 간단히 살펴보자.

첫째, 홍주종洪州宗[3] 법계法系에서의 황벽의 위치이다. 황벽은 홍주종 마조에 이어 청규를 제정한 백장의 제자이다. 백장이 마조의 고함소리에 3일 동안 귀가 먹었다고 하는 삼일이롱三日耳聾의 공안이 있다. 그런데 훗날 황벽이 스승 백장으로부터 '삼일이롱'의 이야기를 듣고, 자신도 모르게 탄식하며(吐舌) 크게 깨달았다고 하는 황벽토설黃檗吐舌 공안이 있다. 이 두 공안의 연계성을 통해 황벽의 선종사적 위치를 가늠하기도 한다.

둘째, 임제종臨濟宗에 있어 황벽의 법계적 위치이다. 5가 7종 가운데 위앙종에 이어 두 번째로 종풍宗風을 연 선종이 임제종이다. 임제종은 조동종과 함께 오늘날까지 종지宗旨가 전해지고 있는 최대의 선종이다. 황벽의 법은 선종사에서 '임제종의 조정祖庭'이라고 일컫는다. 현 우리나라 조계종이 임제종 선풍禪風이다.

셋째, 황벽의 선이 일본에 미친 영향이다. 현 일본의 3대 선종으로는 황벽종을 포함해 임제종·조동종을 꼽는다. 임제종과 조동종은 일본

---

2 일지와 유진 스님의 『전심법요』는 일본 入矢義高의 『傳心法要·宛陵錄』, 禪の語錄 8권, 筑摩書房, 1979년 책자를 번역한 것이다.

3 홍주종은 마조도일(馬祖道一, 709~788)계 선을 규봉 종밀이 호칭한 것이다. '홍주'는 강서성江西省 홍주(洪州; 현 南昌)의 통칭이다. 남창은 마조가 생전에 머물며 선을 펼쳤던 개원사開元寺가 있는 곳이다.

승려(榮西와 道元)가 중국에 들어가 법맥을 받아 자국에서 선풍을 펼친 반면, 황벽종은 중국 선사가 직접 일본으로 들어가서 법을 펼쳤다. 곧 임제종계의 은원 융기(隱元隆琦, 1592~1673)가 황벽이 출가했던 복건성 만복사에서 수행하다가 명나라 말기인 1654년, 63세에 일본으로 건너가 교토(京都) 우지(宇治)에 만복사를 개산開山하였다. 은원 융기는 임제종 승려로서 일본에 황벽 선사의 선풍을 펼친 것이다. 일본 만복사는 가람양식이나 독경·법요양식·법구·법복 등 모두 명나라 풍습을 따르고 있다. 또한 불교의례를 비롯해 승려들의 수행 방식이나 일상생활 등이 모두 중국 명나라 풍습이다. 또한 황벽종은 차茶나 요리 등 일본 문화계에도 큰 영향을 끼쳐 지금에까지 이르고 있다.

전심법요·완릉록

서문

배휴가 황벽의 선리를 배우고, 정리하다

有大禪師 法諱希運 住洪州高安縣黃檗山鷲峰下 乃曹溪六祖之
嫡孫 西堂百丈之法姪 獨佩最上乘離文字之印 唯傳一心 更無別
法 心體亦空 萬緣俱寂 如大日輪昇虛空中 光明照耀 淨無纖埃
證之者無新舊 無淺深 說之者不立義解 不立宗主 不開戶牖 直下
便是 運念卽乖 然後爲本佛 故其言簡 其理直 其道峻 其行孤 四方
學徒望山而趨 觀相而悟 往來海衆常千餘人 予會昌二年廉於鍾
陵 自山迎至州 憩龍興寺 旦夕問道 大中二年廉於宛陵 復去禮迎
至所部 安居開元寺 旦夕受法 退而紀之 十得一二 佩爲心印 不敢
發揚 今恐入神 精義不聞於未來 遂出之 授門下僧太舟法建 歸舊
山之廣唐寺 問長老法衆 與往日常所親聞 同異何如也?
時唐大中十一年十月初八日序

선에 눈 밝은 선사가 있으니, 법휘는 희운希運이고, 홍주(현 江西省
南昌) 고안현 황벽산 취봉 아래 주석하셨다. 선사는 육조 혜능(638~
713)의 적손이며, 백장의 제자이고, 서당에게는 조카뻘이다. 선사는
최상승법을 깨달았으며, 문자를 여읜 경지, 곧 오직 일심만을 전할
뿐 다른 법을 설하지 않았다. 일심의 근본 또한 공적空寂하며 온갖

인연(萬緣)도 고요하다. 선사께서 설하신 가르침은 해가 허공중에 떠 온 누리를 비춤에 그 광명이 티끌 하나 없이 청정하고 투명하였다.

선사께서 증득한 것은 새롭고 낡은 것도 없으며, 깊고 낮은 것도 없다. 선사가 설한 선리禪理는 감히 분별심으로 알 수 없는 경지이다. 또한 선종 한 일파의 종주로서 산문을 개산하지 않았고, 문호도 개방하지 않았지만, 선사가 머문 그 자리가 진리의 당처當處였다. 생각을 일으키는 즉시 곧 어긋남이니, 본 그대로여야 본래의 부처이다. 선사의 말씀은 간명하고, 도는 직절하면서도 험준하며, 그의 행은 고고하셨다. 사방에서 수행자들이 몰려와 스님의 모습을 뵙고 깨달음을 얻었다. 이렇게 선사의 도량에 오고가는 자가 천여 명이었다.

내가 회창2년(842년), 종릉(江西省 洪州 南昌) 지역 관찰사로 재임할 때 선사를 용흥사에 머물게 하고, 아침저녁으로 도를 물었다. 이후 대중2년(848년)에 완릉(安徽省 徽州와 浙江省 杭州의 중간) 지역의 관찰사로 재임할 때, 예를 갖추어 선사를 개원사에 머물도록 하고, 아침저녁으로 선사를 찾아가 도를 물었다.

그러나 선사를 뵙고 물러나 생각해보면 열의 한둘 정도만 이해할 뿐, 심인心印을 감히 드러낼 수 없었다. 지금 생각하니, 선사의 정미로운 선리가 미래에까지 전하지 못할까 심히 염려스럽다. 이에 뜻을 내어 선사의 문하인 태주와 법건 두 승려에게 주어서 옛 산 광당사로 가지고 가서 여러 장로들에게 선사께서 설한 진리와 같은지 다른지를 살펴달라고 하였다.

대당大唐 대중11년(857년), 삼가 기록하다.

서문은 배휴가 황벽의 어록을 기록하게 된 경위와 그간의 상황을 밝히고 있다. 즉 미래세 수행자들에게 황벽의 선사상이 미치기를 바라는 마음으로 쓴 『전심법요』의 서문이다.

'황벽산'은 황벽이 처음 출가했던 복건성福建省 복주福州 황벽산黃檗山을 말한다. 훗날 선사가 강서성江西省 고안高安(현 宜豊)에서 법을 펼치면서 고향의 산 이름을 그대로 붙였다. 선사의 법호는 바로 이 산 이름에서 유래한다.

황벽의 법맥을 간단히 살펴보면, 초조 달마 … 6조 혜능 – 남악 회양 – 마조 – 백장 – 황벽 – 임제 의현으로 이어지는 법맥에 위치한다. 서당 지장은 마조(馬祖, 709~788)의 장손계 제자로서 우리나라 조계종과 깊은 연관이 있다. 조계종의 종조는 나말여초 9산선문 가운데, 당나라에서 법을 받아온 도의(道義, ?~825) 국사인데, 도의는 바로 서당의 제자이다. 이외 서당의 법을 받아온 제자로는 실상산문(전남 남원 실상사)의 홍척과 동리산문(전남 곡성 태안사)의 혜철이 있다.

황벽이 최상승법을 깨달았다고 하는 것은 경전에 전하는 제일의제 第一義諦 경지를 말한다. 하지만 여기서는 달마 이래 오롯한 일심법으로서 하택 신회(荷澤神會, 670~762)가 처음 주장한 남종계南宗系 돈오심법頓悟心法을 말한다.

傳心法要

전심법요 傳心法要

1. 일심 차원에서는 부처와 중생이 다르지 않다

師謂休曰 諸佛與一切衆生唯是一心 更無別法 此心無始已來 不
曾生不曾滅 不青不黃 無形無相 不屬有無 不計新舊 非長非短
非大非小 超過一切限量名言 蹤跡對待 當體便是 動念卽乖 猶如
虛空 無有邊際 不可測度 唯此一心卽是佛 佛與衆生更無別異
但是衆生著相外求 求之轉失 使佛覓佛 將心捉心 窮劫盡形終不
能得 不知息念忘慮 佛自現前

선사께서 배휴에게 말씀하셨다.

"모든 부처와 더불어 일체중생은 오직 마음이요, 다른 법이 없다.
이 마음은 무시이래로 생겨난 것도 소멸되는 것도 아니고, 푸르거나
누런 것도 아니며, 형상이 있는 것도 없는 것도 아니고, 어떤 유·무
자체에 속박되지도 않으며, 옛것이나 새것이란 것도 아니고, 길거나
짧은 것도 아니며, 크거나 작은 것도 아니다. 또한 명칭이나 언어로

헤아려 알 수 없는 것으로 그 당체가 곧 진실함이니, 생각을 일으키면 어긋난다. 마음은 마치 허공과 같아서 끝이 없으므로 헤아려 알 수가 없다. 오직 일심이 부처이다. 마음 차원에서 부처와 중생이 다르지 않다. 다만 중생은 형상에 집착해 외부에서 구하고 있으니, 구하려고 하면 오히려 잃을 뿐이다. 부처를 구하려고 하면 부처를 잃을 것이요, 마음으로 마음을 찾으려고 하면 겁이 다하고 육신이 다해도 마침내 얻지 못한다. 망념을 쉬기만 하면 부처가 현전할 것이라는 사실을 알지 못하기 때문이다."

—— ∞⁘∞ ——

"모든 부처와 더불어 일체중생은 오직 마음이요, 다른 법이 없다."는 것은, 마음 차원에서는 부처와 중생이 동일한 성품을 갖고 있다는 뜻이다. 중생과 부처가 동일한 성품(마음)을 갖고 있다는 것은 대승경전에 연원을 둔다.

『화엄경』에서는 부처님께서 천안으로 일체중생을 관찰하시고, 이런 말씀을 하셨다. "모든 중생이 여래의 지혜를 갖추고 있으면서도 어리석고 미혹하여 알지 못하고 보지 못하고 있구나. 내가 마땅히 중생들에게 허망한 생각과 집착을 여의게 하고 자기 몸속에 있는 여래의 광대한 지혜가 '부처와 다름이 없다(與佛無異)'는 것을 가르쳐야 하리라."

『법화경』에서는 부처님 입장에서 중생을 바라보면서 이렇게 말씀하셨다. "내가 본래 세운 서원은 일체중생으로 하여금 '나와 다름없이 평등하다(如我等無異)'는 것을 (중생에게) 알려주는 것이다."

또 『여래장경』에서도 "지혜의 눈으로 일체중생을 관찰하니, 비록 일체중생이 수많은 번뇌로 가득 차 있지만 여래장이 있어 청정하며, 덕상德相을 온전히 구족하고 있으니, 바로 여래인 나와 더불어 다를 바 없구나(如我無異)."라고 하였다.

초조 달마도 『이입사행론』에서 "이입理入이란 경전에 의해서 도의 근본정신을 깨닫고 범부와 성인이 모두가 동일한 진성眞性임을 깊게 믿는 것이다."라고 하였다. 곧 달마는 중생과 부처가 똑같은 진성을 갖고 있으니 이를 굳게 믿는 심신深信을 강조한다.

이처럼 『법화경』의 '여아등무이如我等無異', 『화엄경』의 '여불무이與佛無異', 『여래장경』의 '여아무이如我無異'라는 차원은 바로 중생과 부처가 동등한 성품을 갖고 있다는 의미이다. 바로 이렇게 '부처'라는 존재는 저 꼭대기 위에 있는 위대한 존재가 아니고 중생의 성품과 동등하기 때문에 깨달으면 부처가 될 수 있는 것이다. '선禪'의 기본 테제는 바로 여기서부터 발단된다. 수천 년 동안 승려들이 출가해서 수행했던 것도 바로 중생이 부처와 동등한 성품임을 깊이 믿기 때문이다. 고봉 원묘(1238~1295)가 간화선의 3대 요소(신심·분지·의정)로 강조한 내용 중에도 신심이 들어 있다.

지금까지 언급한 '부처와 중생의 성품이 일심이요, 그 일심 이외에 다른 법을 설할 것이 없다'는 것은 황벽의 주요 설법이요, 『전심법요』의 주된 근간이다.

"(마음은) 푸르거나 누런 것도 아니다."는 마음의 색깔을 말하는 것이 아니다. 마음이란 존재는 어떤 형상으로도 표현할 수 없으며, 어떤 모습이라고 정의할 수도 없고, 길고 짧다거나 소멸하고 생성된다고 하는 세간적인 언어로 감히 표현할 수 없음을 뜻한다.

"그 당체가 곧 진실함이니, 생각을 일으키면 어긋난다."를 보자. 심법 자체가 있는 그대로 참된 것이므로 거기에 어떤 수식어를 붙인다거나 생각으로 헤아려 알 수 있는 것이 아니다. 일반적으로 선에서 '생각'이라는 용어는 망상이나 쓸데없는 사유思惟를 지칭한다.

2. 형상에 집착해 부처를 구하지 말라

此心卽是佛 佛卽是衆生 爲衆生時 此心不減 爲諸佛時 此心不添
乃至六度萬行 河沙功德 本自具足 不假修添 遇緣卽施 緣息卽寂
若不決定信此是佛 而欲著相修行 以求功用 皆是妄想 與道相乖

이 마음이 곧 부처이며, 부처가 곧 중생이다. 중생이라고 해도 이
마음은 줄어들지 않으며, 부처라고 해도 이 마음은 늘어나지 않는다.
6바라밀과 만행의 공덕을 본래 구족하고 있으므로 굳이 수행해서
얻는 것이 아니다. 인연을 만나면 베풀고, 인연이 다하면 곧 고요해질
뿐이다. 만약 이 마음이 반드시 부처라는 사실을 믿지 않고, 형상에
집착해 힘써 정진해서 뭔가 구하려고 한다면, 이는 망상에 빠진 것이
요, 도와는 어긋난다.

"이 마음이 곧 부처이며, 부처가 곧 중생이다."는 조사선의 중요한 수행 주제인 즉심시불卽心是佛을 여실히 드러내는 문구이다. 당나라 조사선 시대(8세기 중기~10세기)는 선수행자들이 가장 많이 배출된 시기이다. 그 당시 선사들은 즉심시불, 평상심平常心 연구를 가장 많이 활용해 수행하였다. '마음'이라는 바탕 위에서 부처가 만들어지기 때문이다. 독자 중에는 '즉심시불'이라는 말이 쉽게 이해되지 않을 수도 있을 것이다.

6조 혜능은 광동성 소관의 남화사에 머물기 이전, 15년간 은둔생활을 하며 보림保任을 하였다. 이후 혜능은 산에서 내려와 광동성 광주 법성사(현 광효사)에 들어가니, 인종 법사가 『열반경』을 강의하고 있었다. 마침 도량에서 학인 스님들이 대화를 나누고 있는데, 바람이 불어와 깃발이 움직였다.
한 학인이 뜰에 있다가 바람에 펄럭이는 깃발을 보고, 말했다.
"바람이 움직이는 것이다."
옆에 있던 학인이 말했다.
"깃발이 움직이는 거다."
두 학인의 논쟁이 끝이 나지 않자, 혜능이 말했다.
"바람이 움직이는 것도 아니고, 깃발이 움직이는 것도 아니다. 오직 그대들의 마음이 움직이는 것이다."

이 일화는 『육조단경』에 전하는 '비풍비번非風非幡'이라는 공안이다. 혜능의 말대로 깃발이 움직인 것은 바람에 의한 것도 아니고, 깃발이 움직인 것도 아니다. 바로 깃발이 바람에 움직이는 것을 보고 듣고 인식한 그 마음이 작용한 것이다. 보는 것에 마음이 기울어 있기 때문에 깃발이 보이고, 소리에 마음을 두기 때문에 바람 소리가 들리는 것이다. 깃발이 움직이든 바람 소리가 들리든, 거기에 마음 두지 않으면 보이지 않고 들리지 않는 법이다.

　원효 스님이 해골물을 마시고 읊었다고 하는 '심생즉종종법생心生卽種種法生 심멸즉종종법멸心滅卽種種法滅'(원 출처는 『기신론』)을 음미해보라. 이 세상의 모든 것은 내 마음에서 만들어내는 것이요, 마음의 변화에 의해서 세상이 움직인다. 세상이 혼탁하다고 말하는 사람들이 많은데, 세상이 나를 위해 변해줄 수 없다. 내 마음이 변하고 내가 세상을 긍정적으로 보아야 세상이 달라지는 것이고, 행복한 세계가 펼쳐진다. 세상이 나를 싫어한다거나 힘들다고 여기는 사람이 있다면, 현 자신의 마음을 들여다보라. 아무리 세상이 꾸짖고 비난해도 자신의 마음에 현 상황을 긍정적으로 바라보느냐 그렇지 않느냐에 따라 삶은 달라지는 법이다. 자! 다시 원고로 돌아가자.

　그러니 화살을 밖으로 돌리지 말라. 모든 것은 자신에게서 발단됨이요, 자신의 마음이 어떠한가에 따라 자신을 포함한 주위 모든 세계가 극락이 되기도 하고, 지옥이 되기도 한다.

"6바라밀과 만행의 공덕을 본래 구족하고 있으므로 굳이 수행해서 얻는 것이 아니다."라고 했는데, 이는 돈오적인 차원에서 언급한 것이다. 6바라밀은 보시·지계·인욕·정진·선정·지혜이다. 6바라밀은 대승불교의 대표적인 실천행이다. '만행'이라고 할 때도 『화엄경』에서는 52위를 언급하고 있다. 6바라밀이나 만행은 점차적으로 수행해 구경각인 부처 지위에까지 오른다고 하는 점수漸修를 말한다. 그런데 조사선은 점수가 아닌 돈오사상이다. 이 점은 본서에서 몇 번 거론되는 내용으로, 뒤에서 더 서술하기로 한다.

"인연을 만나면 베풀고, 인연이 다하면 곧 고요해질 뿐이다."는 조사선적 관념에서 보면, 일상생활 그대로가 불교적 삶이요, 깨달아 있는 부처로서의 행을 말한다. 말 그대로 '작용즉성作用卽性(＝隨緣應用)', 말하고, 행동하고, 침묵하는 작용 그대로가 불성의 구현인 것이다.

3. 관념과 집착을 여읜 그 자리가 바로 부처의 경지

此心卽是佛 更無別佛 亦無別心 此心明淨 猶如虛空 無一點相貌
擧心動念 卽乖法體 卽爲著相 無始已來無著相佛 修六度萬行
欲求成佛 卽是次第 無始已來 無次第佛 但悟一心 更無少法可得
此卽眞佛

이 마음이 곧 부처이므로 다른 부처도 없고, 다른 마음도 없다. 밝고 고요한 마음이 허공과 같아서 한 점의 형상도 없다. 마음을 일으켜 생각을 내면, 곧 법체가 어긋나 형상에 집착하는 것이다. 무시이래로 부처는 형상에 집착하지 않았다. 또한 6바라밀과 만행으로 부처가 되고자 하는 것은 차제(漸修)이다. 오래전부터 지금에 이르기까지 차제로 이루어진 부처는 없다. 다만 마음을 깨닫고, 다시 얻어야 할 어떤 법도 없다는 것을 알면, 곧바로 참 부처이다.

"부처는 형상에 집착하지 않았다."는 상相에 집착하거나 관념을 두지 않는 마음을 말한다. 조계종의 소의경전인 『금강경』에서는 바로 4상을 여읠 것을 강조한다. 곧 무상無相이라고 할 수 있는데, 이 무상이란 『금강경』에서 '중생을 제도했으되, 제도했다는 관념을 갖지 말라'는 뜻으로 해석할 수 있고, '보시를 하되 보시했다는 관념을 갖지 말라'는 무주상보시로도 표현할 수 있다. 이런 관념이 없는 이상離相의 경지가 바로 부처의 경지요, 해탈적멸상의 경지요, 실상實相의 경지인 것이다.

　　당나라 때의 단하천연(736~824)은 만행 도중, 추운 겨울날 낙동洛東 혜림사慧林寺에서 하룻밤을 묵게 되었다. 그런데 잠을 자려니, 추워서 잠을 잘 수가 없었다. 천연은 법당에서 목불木佛을 내려 쪼개서 불을 피워 따뜻하게 밤을 지새웠다. 다음날 승려들이 예불을 하려고 보니, 불상이 없었다. 마침 부엌에 있던 원주 스님이 타다 남은 목불을 발견하고 소리쳤다.
　　"세상에 이런 법이 어디 있습니까?"
　　천연이 문을 열고 나오며 말했다.
　　"이 절 부처님 법력이 대단하다고 들었는데, 부처님 몸에서 사리가 나오지 않더군요."
　　"나무 불상에서 무슨 사리가 나옵니까?"
　　"사리도 없는 부처인데, 불 좀 피워서 몸 좀 녹였거늘 무슨 큰 죄라도 됩니까?"

이 이야기는 '단하소불丹霞燒佛'이라는 공안이다. 나무 부처는 불을 지나지 못하고, 진흙 부처는 물을 지나지 못하며, 청동 부처는 용광로를 지나지 못하는 법이라고 하였다. 형상에 집착해 그것이 최상이고 최고라는 분별심을 갖지 말라는 이야기다. 물론 이 공안은 관념을 두거나 집착심을 갖지 말라는 것이지, 법당의 부처를 함부로 훼손해도 된다는 뜻은 아니다. 석가모니부처님이 열반에 들면서 제자들에게 '사리를 섬기지 말고, 열심히 정진하라'고 한 말씀도 한 번쯤 상기하자.

"6바라밀과 만행~"에서 6바라밀은 보시·지계·인욕·정진·선정·지혜로, 대승불교의 대표적인 실천방법이다. 앞에서 말한 것처럼, 6바라밀과 만행이란 깨닫기 위해 점차적으로 수행하는 점수漸修를 말한다. 반면 황벽의 『전심법요』에 담긴 선사상은 점수가 아닌, 조사선祖師禪의 돈오頓悟 사상의 정점이라고 해도 과언이 아니다. 돈오란 누구나 깨달을 수 있는 성품인 불성과 여래장을 구족하고 있기 때문에 시간적으로 수행해 나가는 점수가 아닌 직관적인 깨달음을 말한다. 곧 모든 중생이 본래 깨달아 있는 본래성불의 부처와 동등하기 때문에 6바라밀 등 점차적인 수행이 필요치 않다는 것이다. 조사선에서는 좌선하고, 수행의 단계를 거쳐 부처가 되는 것이 아니라 본래 부처이므로 굳이 수행을 가자하지 않는 도불용수道不用修·무수무증無修無證이다. 곧 조사선은 돈오돈수頓悟頓修의 본각문적本覺門的 수행체계를 갖고 있기 때문에 점차적인 수행이 필요치 않다고 하는 것이다.

"다시 얻어야 할 어떤 법도 없다."는 내용은 『전심법요』에 여러 차례 나온다. 마음에서 얻은 법 이외에 다시 구해야 할 어떤 법도 없다는 것이다. 『금강경』 22품에도 "내가 아뇩다라삼먁삼보리 내지 조그마한 법조차도 얻을 만한 것이 없으므로 아뇩다라삼먁삼보리라고 한다(我於阿耨多羅三藐三菩提 乃至無有少法可得 是名阿耨多羅三藐三菩提)."고 하였다. 마음에 깨달음이 있다면, 다시 새로 얻을 것도 없고, 그 깨달음을 실체화하거나 형상화할 필요도 없다. 또한 깨달음이 '이것이다'라는 정의도 필요하지 않다. 일심의 각오覺悟조차도 무상無相, 무심無心이거늘 어떤 법으로 덧붙일 필요가 있겠는가?!

4. 그대 눈동자 속에 답이 있다

佛與衆生 一心無異 猶如虛空無雜無壞 如大日輪照四天下 日升
之時 明遍天下 虛空不曾明 日沒之時 暗遍天下 虛空不曾暗 明暗
之境 自相陵奪 虛空之性 廓然不變 佛及衆生 心亦如此 若觀佛作
淸淨光明解脫之相 觀衆生作垢濁暗昧生死之相 作此解者 歷河
沙劫 終不得菩提 爲著相故 唯此一心 更無微塵許法可得 卽心是
佛 如今學道人 不悟此心體 便於心上生心 向外求佛 著相修行
皆是惡法 非菩提道

부처와 중생, 일심은 다르지 않다. 마치 허공이 섞이거나 무너지지
않는 것과 같으며, 태양이 떠올라 천하를 밝게 비추지만 허공이 밝아진
것도 아니고, 해가 저문 뒤에도 어둠이 천지를 뒤덮지만 허공은 어두워
지지 않는 것과 같다. 밝고 어두운 경계는 교차되며 변화하지만,
허공의 본성은 변화가 없다. 부처와 중생, 마음이 이와 같다. 만약

어떤 사람이 청정광명을 해탈의 모양으로 여기고 중생을 생사의 물결에 오염되어 있는 존재로 생각한다면, 그는 수많은 겁을 지내도 깨닫지 못할 것이다. 곧 형상에 집착해 있기 때문이다. 오직 마음뿐이며, 티끌만한 법도 얻을 것이 없다. 마음이 곧 부처이다. 오늘날 수행자들은 마음의 본성을 깨닫지 못하고, 마음 위에 마음을 내어 밖에서 부처를 구하고 있다. 이는 형상에 집착해 있는 것으로 옳지 못하며, 보리의 도가 아니다.

— ∝♨ —

"밝고 어두운 경계는 교차되며 변화하지만, 허공의 본성은 변화가 없다."에서 허공이란 청정한 자성, 본성, 마음을 말한다. 경전에는 '객진번뇌客塵煩惱'라는 용어가 있는데, 청정한 자성을 주인에, 번뇌를 손님에 비유한다. 즉 청정한 자성(주인; 佛性)은 원래 있는 것이요, 번뇌(손님)는 곧 사라질 것이다. 밤이 되어 어둡고 태양이 있어 밝지만, 허공에는 밝고 어두움이 의미가 없듯이, 마음(자성)은 늘 청정히 존재해 있는 본래성불된 부처이기 때문이다.

　5조 홍인(601~674)과 귀종 지상(8세기 후반~9세기 중반)은 구름을 번뇌에 비유하고, 구름에 가려진 태양을 불성에 비유하였다. 원래 태양은 늘 떠서 빛나는 것이요, 구름이 잠깐 가로막고 있을 뿐 구름만 제거된다면 태양이 드러난다는 비유이다. 또 6조 혜능(638~713)은 『육조단경』「참회품」에서 선善한 자성을 태양과 달에, 악惡한 성품을 구름에 비유하였다. 황벽 이전의 선사들에 비해 황벽의 비유가 매우 뛰어남을 알 수 있다.

"부처와 중생, 마음이 이와 같다."고 하는 내용은 마음 차원에서는 부처와 중생에 있어 차별이 없다는 것으로 『전심법요』에 자주 언급되어 있다. 『화엄경』에도 "마음과 부처, 중생 이 셋은 차별이 없다(心佛及衆生是三無差別)."고 하였다. 땅에서 넘어진 사람은 그 땅을 딛고 일어나야 한다. 땅을 떠나서는 일어날 수 없다. 여기서 '땅'은 일심이요, '넘어짐'은 중생심이요, '일어남'은 불심이다. 중생이든 부처이든 일심一心을 말미암는 것이니 절대 이 마음을 떠나서는 부처가 될 수 없다. 그러니 어찌 마음 밖에서 무엇을 새로 얻을 것이 있겠는가?!

"마음의 본성을 깨닫지 못하고, 마음 위에 마음을 내어서 밖에서 부처를 구하고 있다."는 말은, 자신에게 불성이 구족되어 있는데 헛되이 밖에서 구하는 것을 말한다. 마조(709~788)는 "밖에서 구하지 말라(向外馳求)."고 하였고, 임제도 "자신의 마음 밖을 향해서 불법을 공부하는 것은 모두 어리석은 자(向外作工夫 總是癡頑漢)"라고 하였다.

　　당나라 때, 대주 혜해는 스승 마조를 찾아갔다. 대주가 스승에게 인사를 올리자, 마조가 물었다.
　　"여기에 무슨 일로 왔는가?"
　　"불법을 구하기 위해 스님을 찾아왔습니다."
　　"어찌하여 너의 보물창고를 집에 놔두고, 쓸데없이 돌아다니기만 하는가? 나에게는 아무것도 없다. 불법 따위는 찾아서 무얼 하겠느냐?"

"제 보물창고라니요, 무슨 말씀이십니까?"

"지금 '진리를 구하고자 찾아왔다'고 말하고 있는 자네가 바로 그 보물창고라네. 자네는 모든 것을 다 갖추고 있어 조금도 부족한 것이 없네. 또한 쓰려고 하면, 얼마든지 마음먹은 대로 쓸 수도 있네."

흔히 '네 눈동자 속이 아니면, 답은 어디에도 없다'는 말이 있다. 삶에서 길을 잃었을 때도 이정표가 중요한 것이 아니라 자신이 찾고자 하는 갈망에 답이 있다. 서양에서는 파랑새를 찾으려고 사방팔방을 헤매다 못 찾고 집에 돌아오니, 자신의 집 마당에 파랑새가 날고 있었다는 비유가 있다. 동양에서는 '봄의 매화' 비유를 드는데, 봄을 찾으러 밖을 헤매다가 집에 돌아오니, 집 뜰에 매화꽃이 피어 있다는 내용이다. 파랑새와 매화가 자기 내부에 구족되어 있다는 뜻으로, 자기 마음에서 구해야지, 그 어떤 것도 외부에서 구할 수 없다는 말이다. 이를 잘 표현한 깨달음의 게송이 있다.

수미산은 높고 높아 봉우리가 보이지 아니하고,
바닷물은 깊고 깊어 바닥이 보이지 않는다네.
흙을 뒤집고 먼지를 털어도 찾을 수 없는데
머리 돌려 부딪치니 바로 자신이로다.
須彌山高不見嶺 大海水深不見底 确土揚塵無處尋 回頭撞著自家底
(『선림유취禪林類聚』「간경문看經門」)

5. 불도를 성취코자 한다면 우직하게 나아가라!

❧

供養十方諸佛 不如供養一箇無心道人 何故 無心者無一切心也
如如之體 內如木石 不動不搖 外如虛空 不塞不礙 無能所 無方所
無相貌 無得失 趨者不敢入此法 恐落空無棲泊處 故望崖而退
例皆廣求知見 所以求知見者如毛 悟道者如角 文殊當理 普賢當
行 理者眞空無礙之理 行者離相無盡之行 觀音當大慈 勢至當大
智 維摩者淨名也 淨者性也 名者相也 性相不異 故號淨名 諸大菩
薩所表者 人皆有之 不離一心 悟之卽是 今學道人 不向自心中悟
乃於心外著相取境 皆與道背

시방의 제불에게 올리는 공양이 한 사람의 무심 도인에게 올리는
공양만 못하다. 왜냐하면 무심은 일체의 사념이 없기 때문이다. 여여
한 근본으로서 안으로는 목석과 같아 동요되지 않고, 밖으로는 허공과
같이 막히거나 걸림이 없다. 능소가 없고, 장소가 없으며, 형상이

없고, 얻고 잃음이라는 것도 없다. 수행자가 감히 이 (무심)의 법에 들어오지 못하는 것은 공에 떨어져 머물러 쉴 곳이 없음을 두려워하기 때문이다. 그러므로 마치 건너뛰어야 할 벼랑을 만나서도 퇴보해 여러 지견을 구하는 것과 같다. 지견을 추구하는 자는 쇠털처럼 많지만, 깨닫는 자는 뿔처럼 매우 드물다. 문수보살은 마땅히 이치(理), 보현보살은 행行(事)을 상징한다. 이치란 진공眞空의 걸림 없는 도리요, 행이란 형상을 여읜 끝없는 행이다. 관음은 자애로움을 상징하고, 대세지는 지혜를 상징하며, 유마는 청정한 이름을 상징한다. 청정함이란 본성을 말하고, 이름이란 형체를 말한다. 본성과 형체가 다르지 않기 때문에 정명이라고 이름하는 것이다. 앞의 대보살들의 상징하는 것들을 모든 사람이 다 갖추고 있는데, 이는 바로 일심을 여의지 않기 때문이다. 깨달았다고 하는 것도 바로 이를 말한다. 근자에 도를 배우는 선자들이 자신 안에서 깨달음을 구하지 아니하고, 밖으로 형상과 경계에 집착하고 있는데, 모두 도와는 어긋나는 일이다.

─── ⳾ ───

"시방의 제불에게 올리는 공양이 한 사람의 무심 도인에게 올리는 공양만 못하다."는 것은 『사십이장경』 11장에도 설해져 있다. 곧 "수많은 부처님께 공양올린 것보다 한 분의 무념無念·무주無住·무수無修·무증無證한 자에게 공양하는 것이 큰 공덕이다."라고 하였다. 앞에서도 몇 차례 거론했지만, 인간은 부처와 같은 성품을 갖고 있어 굳이 다시 수행해 증득할 것이 없기 때문에 '무수무증'이라고 한다.(수행하지 말라는 것이 아니라 깨달음에 집착 없이 수행할 것을 강조하는 것) 무심無心은『전심법요』에서 가장 많이 등장하는 단어로, 이 어록의 중심 주제라고 해도 과언이 아니다.

동안 상찰(同安常察, ?~961) 선사는 "무심이란 것도 오히려 하나의 관문에 막혀 있다. 즉 무심도 무심이라고 말하면 벌써 무심이 아니다(無心猶隔一重關 勿謂無心云是道)."라고 하였다. 무심은 단지 무심이어야 무심인 것이요, 무심이라고 관념을 둔다면 유심이 되어 버린다. 『금강경』 측면에서 무심을 설명하면, 무주심無住心・무주상無住相으로 '집착하지 않는', '분별심이 없는', '형상을 취하지 않는', '관념두지 않는' 마음이다.

달마와 양무제가 대화를 할 때, 양무제가 '공덕을 많이 지었는데, 어떤 과보가 있느냐?'고 묻자 달마가 '과보 받을 것에 집착해 보시한다면 공덕이 하나도 없다.'고 말했던 것도 '무주상'을 말한다. '보살은 마음에 집착하지 않고 보시를 행하라'는 '무주상보시'에서 무주상이 곧 무심의 뜻이다. 그런데 집착하지 않거나 관념 두지 않는 일이 말만큼 쉬운 일인가?! 인간은 본래 무심(청정심)을 갖추고 있건만 번뇌에 가려 중생으로 살고 있는 것이다. 그래서 남송대의 대혜 종고는 원래 청정한 무심이지만, 수행을 통해 번뇌를 제거하라고 하였다.

"여여한 근본"에서 여여如如란 본래 있는 그대로의 모습, 본연本然의 실상實相을 말한다. 여如 앞에 진眞자를 붙여 '진여眞如'라고도 한다. 또 여여는 '여래'라고도 하는데, 있는 그대로가 곧 진실인 '제법의 실상을 깨닫고, 진리 설하는 사람'을 뜻하기도 한다. 『금강경』 32품에서도 "상에 집착하지 말고, 여여하여 동함이 없어야 한다(不取於相

如如不動).”라고 하였다.

“지견을 추구하는 자는 쇠털처럼 많지만, 깨닫는 자는 뿔처럼 매우 드물다.”에서 ‘쇠털’은 많다는 것으로, 학식이나 알음알이로 선을 추구하는 경우를 말한다. 반대로 '뿔'은 매우 적음을 상징하는데, 곧은 마음으로 수행해 궁극의 경지에 이르는 자가 매우 적음을 뜻한다. 즉 수행의 깊은 경지에 들지 못하고, 중도에 포기해 이론에 떨어지는 자가 많음을 말한다. 세상의 이치도 마찬가지이다. '실패한 자가 패배하는 것이 아니라 포기한 자가 패배한 것'이라고 했듯이, 우직하게 한 길로 나아가는 힘이 부족하기 때문에 성공하는 자가 드문 것이다. 애플의 창립자 스티브 잡스는 생전에 “Stay hungry Stay foolish.(갈망하라, 우직하게 나아가라.)”라는 말을 하였다. 황벽 선사의 말과 맞아떨어진다. 수행길에서 알음알이를 내어 퇴보하거나 중단하지 말고 어리석을 정도로 꾸준히 밀어붙이는 것, 선사의 간곡한 부탁이다.

6. 선악을 분별하되 거기에 마음 두지 말라

恆河沙者 佛說是沙 諸佛菩薩釋梵諸天步履而過 沙亦不喜 牛羊
蟲蟻踐踏而行 沙亦不怒 珍寶馨香 沙亦不貪 糞尿臭穢 沙亦不惡
此心卽無心之心 離一切相 眾生諸佛更無差別 但能無心 便是究
竟 學道人若不直下無心 累劫修行 終不成道 被三乘功行拘繫
不得解脫 然證此心有遲疾 有聞法一念便得無心者 有至十信十
住十行十迴向 乃得無心者 有至十地乃得無心者 長短得無心乃
住 更無可修可證 實無所得 眞實不虛 一念而得 與十地而得者
功用恰齊 更無深淺 祇是歷劫枉受辛勤耳 造惡造善 皆是著相
著相造惡枉受輪迴 著相造善 枉受勞苦 總不如言下便自認取本
法 此法卽心 心外無法 此心卽法 法外無心 心自無心 亦無無心者
將心無心 心卻成有 默契而已 絕諸思議 故曰 言語道斷 心行處滅
此心是本源清淨佛 人皆有之 蠢動含靈 與諸佛菩薩 一體不異
祇爲妄想分別 造種種業果

부처님께서 갠지스강의 모래에 비유해 법을 설하셨다. 제불·보살·제석·범천들이 지나갈지라도 모래는 기뻐하지 않는다. 또 소·양·벌레가 밟고 지나가도 모래는 화내지 않는다. 진귀한 보배와 향료가 쌓여 있다고 할지라도 모래는 탐내지 않으며, 똥오줌의 악취에도 모래는 싫어하지 않는다. 이런 마음이 곧 무심이다. 모든 분별상을 여의어 중생과 제불, 어떤 것에도 차별하지 않는 무심한 경지, 이것이 궁극적인 경지이다. 수행자가 바로 무심하지 못하면, 아무리 오랫동안 수행해도 해탈을 이루지 못한다. 성문·연각·보살, 삼승의 수행 공덕으로는 해탈하지 못한다. 그러나 이 심법에는 느리고 빠름이 있다. 법을 듣고, 일념에 무심을 얻기도 하고, 10신·10주·10행·10회향에 이르러 무심을 얻는 자도 있으며, 10지에서 무심을 얻는 자도 있다. 느리든 빠르든 무심에 머문다면 다시 증득할 것이 없으며, 실로 얻을 것도 없다. 진실로 헛되지 아니하다. 일념에 얻든 10지에서 얻든 공용은 평등해 깊고 얕음의 차이가 없다. 그런데 깨닫지 못한다면 헛되이 괴로움만 겪게 될 것이다.

형상에 집착해 악을 짓기도 하고 선을 짓기도 한다. 형상에 집착해 악을 지으면 윤회에 떨어지고, 형상에 집착해 선을 지어도 고통을 받는다. 모두 말끝에 본 심법을 깨닫는 것만 못하다. 이 법은 곧 마음이요, 마음 이외에 어떤 법도 없다. 이 마음이 곧 법이요, 법 이외에 마음도 없다. 마음은 본래 무심이요, 또한 무심하지 않은 것도 아니다. 마음을 가지고 무심하다고 하면, 도리어 유심이 된다. 묵묵히 계합할 뿐, 어떤 사념을 여읜 마음(경지)이다. 그러므로 언어의 길이 끊어졌으며, 마음의 행처가 사멸되었다. 이런 마음이야말로 본원청정한 부처이며 누구나 다 갖고 있는 것이다. 준동함령이 제불보살과 다르지 않다. 다만 망상분별로 여러 가지 업과를 지을 뿐이다.

─── ☙ ───

"부처님께서 갠지스강의 모래에 비유해 법을 설하셨다. …"는 내용은 무심의 실례를 보여준다. 이 구절은 황벽의 설법 중 '무심'을 설명하는 대표 문구로 자주 회자된다. 갠지스강의 모래는 고귀한 부처님이나 보살, 혹 아름다운 사람이 지나가도 기뻐하지 않는다. 그 반대로 개·돼지·소가 지나면서 대소변을 보거나 살인자가 지나가도 싫어하지 않는다. 이렇게 좋은 것이든 나쁜 것이든 차별하지 않고 받아들이는 그 자체를 무심이라고 하는 것이다. 『유마경』에서는 이 무심을 '무분별심·무소득심·무구심無求心'이라는 단어로 쓰고 있으며, 『금강경』에서는 '청정심·보리심·무주심'이라고 하였다.

수행이 아닌 일상의 삶에서도 적용된다. 상대방을 볼 때도 있는 그대로 보지 못하고, 선입견을 두고 자신의 잣대대로 평가하고 결론을 내린다. 대학·부모·출신지로 그 사람을 단정 짓고, 상대의 진면목을 제대로 보려고 하지 않는다. 그러면서 인간은 자신의 평가가 마치 보편타당한 것처럼 정당하다고 생각한다. 얼마나 어리석은 인간의 군상인가?! 그래서 석가모니 부처님 같은 분이 세상에 출현해 중생의 어리석음을 지적해 주셨다. 그런데도 인간은 어리석음을 벗어나지 못한다.

"일념에 무심을 얻기도 하고"에서, '일념'이라는 단어는 황벽의 어록에

자주 등장한다. 무엇이 일념인가? '성불성마일념간成佛成魔一念間'이
라는 말이 있다. 곧 부처가 되고, 마구니가 되는 것도 일념간이라는
말이다. 재미있는 일화가 있다.

울보 별명을 가진 한 노파가 길가에 앉아 비가 내리나 해가 떠오르나
항상 울고 있었다. 지나가던 한 나그네가 그 노파에게 왜 우느냐고
물으니, 그녀는 이렇게 대답하였다.
"내게 두 딸이 있는데, 딸 중에 큰딸은 신발 장사한테 시집을
가고, 작은딸은 우산 장사한테 시집을 갔습니다. 그래서 날이
좋으면 작은딸네 우산이 안 팔릴 것이 걱정되고, 비가 오면 큰딸네
가게가 잘 되지 않을까 걱정되어 이렇게 웁니다."
나그네가 말했다. "맑은 날에는 큰 딸네 장사가 잘될 것을 생각하고
기뻐하고, 비가 올 때는 작은 딸네 우산이 잘 팔릴 것을 생각하며
웃으십시오."
그 이후 할머니는 울지 않고 비가 오는 날이든 맑은 날이든 웃었다고
한다.

이렇게 생각이라는 것이 백짓장 한 장 차이보다 못하다. 이 일념에
부처 생각을 하느냐, 중생 생각을 하느냐에 따라 부처가 되기도 하고,
중생이 되기도 한다. 부처와 중생은 결국 자신의 몫인 것이다. 일반
사람들의 행복도 그런 것이 아닐까? 행복과 불행은 백짓장 한 장
차이다. 똑같은 상황을 어떻게 받아들이고 해석하느냐에 따라 늘
울던 일을 행복한 일로 전환시킬 수 있다. 고대 철학자 아리스토텔레스

는 "행복은 우리 자신에게 달려 있다."라는 말을 하였다. 곧 행복과 불행도 자신의 한 생각에 달려 있는 것이다. 더 나아가 이래도 즐겁고 저래도 즐거운 것, 어느 하나에 마음을 열어두는 것, 그러면서 그 열어두었다는 것조차 마음 두지 않는 것, 이 또한 삶에서 얻을 수 있는 무소득의 행복이라고 본다.

"형상에 집착해 악을 짓기도 하고, 선을 짓기도 한다." 이후는 무심에 관한 선사의 말이다. 당나라 때 대주 혜해 선사는 『돈오입도요문론』에서 이런 말을 하였다. "선악에 다 분별하지만, 거기에 집착하지 않는다 (善惡皆能分別 於中無着)." 곧 선한 것은 선한 대로 악한 것은 악한 그대로 분별하지만, '선하다는 것', '악하다는 것'에 대한 분별심을 내거나 관념 두지 않는다는 뜻이다. 이렇게 조사들은 분별심이나 집착심이 없는 무심에 초점을 두고, 수행의 근간으로 삼았다. 『소품반야』에서는 '보살이 반야바라밀다를 어떤 마음으로 행해야 할 것인가'에 대해 "비사량非思量하라. 그리고 무심, 또는 비심非心으로 행하지 않으면 안 된다."고 하였다. 초조 달마 선사도 무소구행無所求行 법문에서 이렇게 말했다. "세상 사람들이 곳곳마다 욕심 부리는 것을 구求라고 한다. 모든 것에 생각을 쉬고 구하지 말라."고 하면서 집착하지 않는 무심을 강조하였다.

　우리 일상의 인생살이도 마찬가지이다. 구심헐즉무사求心歇卽無事라고, 구하려는 마음을 쉬는 것이 삶이 순탄할 것이다. 구하려고 집착하면 점점 더 멀어지는 법이다. '욕력오중배欲力五重倍'라고, 욕심을 내면 다섯 배의 힘이 더 든다는 말이다. 지나치게 돈을 추구하면,

돈이 따라오지 않는 법이다. 성심껏 열심히 살다보면 부와 명예가 따라오는 것이지, 지나치게 추구함은 오히려 역효과가 발생할 수 있다. 사찰에서 스님들도 소임을 사는데, 어른 스님들이 늘 하는 말씀이 있다. "그저 물 흐르는 대로 살려고 해야지, 너무 잘하려고 하면 역효과가 난다."고. 그러니 매사에 무심하라!

7. 설령 한 물건이라고 해도 맞지 않다

本佛上實無一物 虛通寂靜 明妙安樂而已 深自悟入 直下便是
圓滿具足 更無所欠 縱使三祇精進修行 歷諸地位 及一念證時
祇證元來自佛 向上更不添得一物 郤觀歷劫功用 總是夢中妄爲
故如來云 我於阿耨菩提實無所得 若有所得 然燈佛則不與我授
記 又云 是法平等無有高下 是名菩提 即此本源淸淨心 與衆生諸
佛 世界山河 有相無相 遍十方界 一切平等 無彼我相

본래 부처는 진실로 한 물건도 없다. 허통虛通하고, 적정寂靜하여
분명하며, 묘하게 안락安樂할 뿐이다. 깊이 스스로 깨달아 들어가면
곧 바로 원만 구족하여 다시는 모자람이 없다. 비록 삼아승지겁 동안
정진하고, 모든 지위를 밟아 수행정진해도 일념에 깨닫는 것이다.
다만 원래 부처가 증득되어 있던 것이요, 다시 그 어떤 한 물건(一物)도
보탤 필요가 없다. 깨달은 후에 보면, 오랜 세월 쌓아온 공용이 모두

꿈속의 망령된 일이다.

그러므로 여래께서 말씀하셨다. "나의 아뇩보리는 실로 얻은 것이 없다. 만약 얻었다고 한다면, 연등불이 나에게 수기를 주지 않았을 것이다." 또 말씀하셨다. "이 법은 평등해서 고하가 없는 것을 깨달음이라고 한다." 곧 이 본원청정심이 중생과 제불, 세계의 산하, 유상有相·무상無相과 더불어 시방세계에 두루하며, 일체가 평등해서 타인이 나와 더불어 형상이 다르지 않다.

———— ☙ ————

"본 부처는 한 물건도 없고, … 한 물건도 보탤 필요가 없다."는 부분을 보자. 인간의 마음이 청정한 참 부처이기 때문에 '한 물건'조차도 필요치 않은 것이다. 오직 평상의 일상생활 그대로 무사無事하게 사는 것을 말하며, 평상심으로 살고 있는 부처이기 때문이다. 이런 관점으로 조사선 선사들은 수행하였고, 선문답을 주고받았다. 이는 바로 조사선의 수행체계이기도 하다.

'한 물건'이란 딱히 이름 붙일 수도 없어 단지 한 물건이라고 붙인 것이다. 명부득상부득名不得狀不得이다. 곧 한 물건이란 불성佛性·심지心地·보리菩提·법계法界·열반涅槃·여여如如·법신法身·진여眞如·주인공主人公 등으로 표현하며, 달마 선사가 말씀하신 성제제일의聖諦第一義이다. 한 물건과 관련된 선사들의 말씀을 보자.

먼저 6조 혜능의 게송 3구에 한 물건이 등장한다. "보리는 본래 나무가 없고 밝은 거울 또한 대가 아니다. 본래 한 물건도 없거니 어느 곳에 티끌이 있으리오(菩提本無樹 明鏡亦非臺 本來無一物 何處惹

塵埃)." 그런데 혜능의 제자인 남악 회양(南岳懷讓, 677~744)이 처음 혜능을 만나 문답할 때도 이 단어가 나온다. 먼저 혜능이 물었다.

"어디서 왔는가?"
"숭산 혜안 선사 도량으로부터 왔습니다."
"어떤 물건이 이렇게 왔는고?"
"한 물건이라고 해도 맞지 않습니다(說似一物即不中)."
"다시 수행하고 증득해야 할 것이 있는가?"
"수행하고 증득할 것이 없는 것은 아니지만, 더럽혀서는 안 될 것입니다."

여기서 '오염'이란 인위적인 분별심이나 조작하고 취사선택하는 집착심, 밖에서 구하려는 어리석음을 말한다. '청정한 자성'을 본 바탕으로 하기 때문에 회양은 단지 오염만 시키지 말라고 하였고, 혜능은 티끌조차 붙지 않는다고 하였다. 그러니 청정한 자성에 무슨 물건이 필요하겠는가?! '한 물건이라도 해도 맞지 않다'는 것이나 '더럽혀서는 안 된다(不汚染)'는 회양의 사상은 제자 마조(709~788)에게서는 '도는 닦아서 되는 것이 아님이요, 다만 더럽히지 말라(道不用修 但莫汚染)'는 사상으로 전개되었다. 곧 한 물건이라는 주제어로 본래무일물 → 설사일물즉부중 → 도불용수로 사상적 흐름이 전개되고 있음을 알 수 있다.

우리나라 선사의 게송에서도 찾아볼 수 있다. 조선 초기 함허득통(1376~1433)도 『금강경오가해』에서 "여기 한 물건이 있으니 이름도 모양도 없으나 고금에 통하고, 한 티끌 속에 있으면서도 온 우주를 감싼다(有一物於此 絶名相 貫古今 處一塵圍六合)."라고 하였으며, 청허 휴정(1520~1604)도 『선가귀감』에서 "여기 한 물건이 있으니 본래부터 밝고 신령스럽다(有一物於此 從本已來 昭昭靈靈)."라고 하였다. 또 청화 스님(1924~2003) 말씀에도 "나라는 이 몸뚱아리나 너라는 몸뚱이나 천지 우주에 있는 모든 두두물물이 다 비어 있다는 본래 한 물건도 없는 자리를 생각해야 합니다."라고 하였다.

"나의 아뇩보리는 실로 얻은 것이 없다. …"는 『금강경』 구절과 같다. 22품에서 "조그마한 법조차도 얻은 것이 없으므로 이를 최상의 깨달음이라고 한다(無有少法可得 是名阿耨多羅三藐三菩提)."라고 하였고, 이어서 23품에서 "이 법은 평등하여 높고 낮음이 없으니, 이것을 최상의 깨달음이라고 한다(是法平等 無有高下 是名阿耨多羅三藐三菩提)."라고 하였다.

　어느 지위 고하를 막론하고, 청정한 마음 바탕은 누구나 간직하고 있으며, 차별이 있을 수 없다. 한편 진리(法) 입장에서는 천민이든 왕족이든 누구에게나 평등하며, 차등이 없다. 『열반경』에서는 '모든 중생이 성불할 수 있다'고 하였다. 그런데 법상종法相宗에서는 일천제(극악무도하고 구제불능인 중생)는 성불이 불가능하다고 주장한다. 『열반경종요』에서 원효 대사는 '마음의 핵심인 아뢰야식에는 본래 부처가 될 요소인 무루종자無漏種子가 있기 때문에 일천제一闡提도 성불할 수 있다'고 강조한다. 이 또한 어느 누구나 성불할 종자를 가지고 있어 부처님 세계에 들어갈 수 있다는 것인데, '화쟁사상'의

한 측면이기도 하다.

"본원청정심이 중생과 제불 … 일체가 평등해서 타인이 나와 더불어 다르지도 않으며, 차별되지 않는다."는 초목, 국토도 성불할 수 있다는 사상이다. 물론 무정물에 투영된 선자의 마음 표현이라고 보는 것이 정확할 듯하다. 그래서 선사들은 모든 것을 참 진리 빛의 나툼으로 보며, "산하대지에 바로 우주의 진리가 깃들어 있다(山河大地現眞光)."라고 하였고, "산하대지가 법신法身을 드러낸다."는 오도송을 읊었다.

8. 잃어버린 보석의 출처는 어디인가?

此本源清淨心 常自圓明遍照 世人不悟 祇認見聞覺知爲心 爲見
聞覺知所覆 所以不睹精明本體 但直下無心 本體自現 如大日輪
昇於虛空 遍照十方 更無障礙 故學道人唯認見聞覺知 施爲動作
空卻見聞覺知 卽心路絶 無入處 但於見聞覺知處認本心 然本心
不屬見聞覺知 亦不離見聞覺知 但莫於見聞覺知上起見解 亦莫
於見聞覺知上動念 亦莫離見聞覺知覓心 亦莫捨見聞覺知取法
不卽不離 不住不著 縱橫自在 無非道場 世人聞道諸佛皆傳心法
將謂心上別有一法可證可取 遂將心覓法 不知心卽是法 法卽是
心 不可將心更求於心 歷千萬劫 終無得日 不如當下無心 便是本
法 如力士迷額內珠 向外求覓 周行十方 終不能得 智者指之 當時
自見本珠如故 故學道人迷自本心 不認爲佛 遂向外求覓 起功用
行 依次第證 歷劫勤求 永不成道 不如當下無心 決定知一切法本
無所有 亦無所得 無依無住 無能無所 不動妄念 便證菩提 及證道

時 祇證本心佛 歷劫功用 並是虛修 如力士得珠時 祇得本額珠
不關向外求覓之力 故佛言 我於阿耨菩提 實無所得 恐人不信故
引五眼所見 五語所言 眞實不虛 是第一義諦

이 본원청정심은 항상 스스로 원명하고 두루 비춘다. 세인이 깨닫지
못하고, 다만 견문각지를 오인해서 마음이라고 하는데, 이는 견문각
지의 덮이는 바가 되어서 정미로운 밝은 본체를 보지 못하기 때문이다.
곧 바로 무심하면 본체가 스스로 나타난다. 마치 태양이 허공에 올라
시방을 두루 비춤에 걸리는 바가 없는 것과 같다. 그러므로 수행자는
오직 견문각지의 움직임이지만, 견문각지를 텅 비우면 곧 심로가
끊어지고, 들어갈 곳이 없다. 다만 견문각지하는 곳이 본심이다.
그러나 본심은 견문각지에 속하지도 않고, 또한 견문각지를 여의지도
않는다. 다만 견문각지에서 견해를 일으키지 말고, 또한 견문각지에
서 생각을 내지도 말라. 또한 견문각지에서 마음을 찾지도 말고,
또한 견문각지를 여의고서 법을 취하지 말라. 부즉불리不卽不離이며,
부주불착不住不著, 종횡縱橫으로 자재하여 도량 아님이 없다.

　세상 사람들은 '제불이 심법을 전했다'는 말을 듣고, 마음에 별도로
어떤 법이 있어 증득하고 체득할 법이 있다고 말할지도 모른다. 이는
마음을 갖고 법(마음)을 찾고 있는 것이다. 마음이 이 법이요, 법이
이 마음인 줄을 알지 못하는 것이다. 마음을 갖고 다시 마음을 구해서는
안 된다. 천만 겁을 지내도 결코 얻을 수 없다. 그러니 바로 무심한
것만 같지 못하다. 이것이 본래의 법이다. 역사가 이마의 보석을
잃어버리고 밖에서 구하는 것과 같다. 시방을 두루 다녀도 마침내

얻지 못한다. 지자智者가 그것을 가르쳐 줌으로서 비로소 본래 자기가 보석을 갖고 있음을 아는 것과 같다.

그러므로 수행자는 본심을 미혹해 부처인 줄을 알지 못하고, 밖을 향해서 찾으려고 해서는 안 된다. 또한 (수행)차제를 의지해 증득하려고 한다면, 수천 겁 동안 부지런히 해도 영원히 도를 얻을 수 없다. 그 자리에서 무심한 것만 같지 못하다. 결정코 일체법이 있는 것도 아니고, 얻을 바도 없으며, 의지할 것도 없고, 머물 것도 없으며, 주체와 객체(能所) 또한 없다는 것을 알아야 한다. 망념에 흔들리지만 않으면 문득 보리를 증득한다. 도를 증득하는 때에 이르러 다만 본심이 부처임을 증득하는 것이지, 수 겁 동안 노력해서 얻어지는 것이 아니다. 역사가 보석을 찾았을 때는 단지 본래 이마에 있던 보석을 얻은 것이지, 밖에서 구한 것이 아니다. 그래서 부처님께서 이렇게 말씀하셨다. "나는 아뇩보리에서 실로 얻은 것이 없다. 사람들이 믿지 않을까 염려되어 5안으로 보고, 5어로 말한 것을 인용했을 뿐이다. 진실로 헛되지 아니하고, 제일의 의제이다."

---- ∞ ----

요약하면, '본래 갖고 있는 마음이 부처인데, 부처가 마음 밖에 있다고 생각하고 밖을 향해서 구하는 일은 헛된 것이다. 바로 이 본심이 부처인 줄을 알아야 한다'고 강조하고 있다.

"보석"은 바로 중생에게 갖춰져 있는 불성·본성·자성을 비유한다. 『법화경』에서는 법화 7유七喩 가운데, 네 비유에 보석이 등장한다.

장자궁자 비유는 아버지가 아들에게 보물을 물려주는 것이고, 보소화성 비유도 보물이 있는 곳인 목적지로 중생이 향해 간다는 뜻이며, 의리계주衣裏繫珠 비유도 옷 속에 보석이 있다는 뜻이고, 명주明珠 비유도 상투 속에 가장 고귀한 보석이 있다는 뜻이다. 앞에서 언급한 대주혜해와 마조와의 기연에서도 보석이 등장한다. 거기서도 대주가 불법을 구하기 위해 스승을 찾아왔다고 하자, 마조는 "그대 보물창고를 집에 놔두고, 왜 쓸데없이 돌아다니기만 하느냐?"고 말한다.

"역사가 이마의 보석을 잃어버리고 밖에서 구하는 것과 같다."는 부분은 『열반경』에 나온다. 어떤 장사에게 자신의 이마 미간에 보배구슬이 있었다. 그런데 어느 날 씨름을 하는 중에 너무 열심히 상대편과 싸우다가 그 구슬이 피부 속으로 박혀 들어가 버렸다. 역사는 경기가 끝나고 미간에 있던 보배구슬을 잃어버렸다고 슬퍼하였다. 그러다 의사를 찾아갔는데, 그 의사로부터 보석을 잃어버린 것이 아니라 양 미간 속에 보석이 파묻혀 있다는 말을 듣고 기뻐했다는 내용이다. 경전에서는 "모든 중생에게 내재되어 있는 불성이 마치 매우 가난한 여인의 집에 있는 보물창고와 같다."고 역사 비유와 함께 제시하고 있다.

모든 중생에게 불성이 있다는 '일체중생실유불성一切衆生悉有佛性'은 『열반경』에 집중적으로 나타나 있다. 이 『열반경』의 불성설은 선종에서 널리 유통되고 있는 내용이다. 그만큼 본래 성불되어 있는 자내증自內證에 입각해 있기 때문에, 굳이 오랜 겁 동안 수행해서 얻는 것도 아니며, 마음 밖에서 구해 얻을 수 있는 것도 아니다.

미국의 나이키 창업자 빌 바우어만(Bill Bowerman, 1911~1999)은 이런 말을 하였다. "당신이 필요로 하는 모든 것은 이미 당신 안에 갖추어져 있으니 그냥 하기만 하라(Everything you need is already inside. Just do it)." 빌은 모든 인간에게는 내재된 무한한 능력이 있음을 꿰뚫어 본 것이다. 자신에게 내재된 불성을 각성하고 깨달음을 향해 나가는 것과, 일반인이 열심히 노력해 성공하고자 하는 것은 본질면에서는 크게 다르지 않다고 본다. 불법은 질척질척한 현실 삶에 있는 것이요, 현실과 괴리된 진리는 없다!

"5안眼과 5어語"는 『금강경』에 있는 내용이다. 5안은 18품에 있는데, 육안肉眼·천안天眼·혜안慧眼·법안法眼·불안佛眼을 말한다. 5어는 14 품에 있는데, "여래는 참되고, 실다우며, 여여하고, 허망하지 않으며, 두 말을 하지 않는 자이다(眞語者·實語者·如語者·不誑語者·不異語 者)."는 내용이다.

"제일의제"는 최고의 수승한 진리, 곧 일불승인 최상의 진리를 말한다.

9. 4대로 구성된 육신, 믿을 만한 존재인가?!

學道人莫疑四大爲身 四大無我 我亦無主 故知此身無我 亦無主
五陰爲心 五陰無我 亦無主 故知此心無我 亦無主 六根六塵六識
和合生滅亦復如是 十八界旣空 一切皆空 唯有本心 蕩然淸淨
有識食 有智食 四大之身飢瘡爲患 隨順給養 不生貪著 謂之智食
恣情取味 妄生分別 唯求適口 不生厭離 謂之識食

도를 배우는 사람들은 몸이 4대로 구성되어 있으며, 무아이고, 무주라
는 것을 의심하지 말라. 곧 이 몸은 '나'라고 하는 주체자도 없고,
'나'를 관장하는 주인도 없다. 또한 5음으로 마음을 삼지만, 5음은
무아이고, 무주이다. 이 마음은 '나'라는 주체자도 없고, '나'를 관장하
는 주인도 없다. 6근·6진·6식의 화합 생멸하는 것도 또한 이와 같다.
18계가 이미 공이요, 일체가 다 공이다. 오직 본심만이 자취가 없이
청정하다. 알음알이의 양식과 지혜의 양식이 있다. 지혜의 양식(智食)

은 4대 몸이 굶주림과 질병의 재앙인데, 알맞은 양식을 주어 탐착을 내지 않도록 한다. 반면 알음알이의 양식(識食)은 함부로 맛을 취하고, 분별심을 내어 오직 입에 맞는 것만을 구하며, 싫증내어 벗어나지 못하는 것을 말한다.

—— ෬෭ ——

이 부분을 잘 이해하면, 불교의 핵심을 파악할 수 있다. 매일 독송하는 『반야심경』에 '관자재보살이 깊은 반야바라밀다(지혜의 완성)를 행할 때, 5온이 공이라는 것(諸法空相)을 관조한 뒤에 깨달음을 얻고, 모든 고통과 고뇌에서 벗어났다'고 하였다. 바로 이와 같은 이치를 드러내고 있다. 5음(5온)은 색·수·상·행·식이다. 6근六根은 눈·귀·코·혀·몸·뜻이고, 6경은 6근의 인식대상인 형체·소리·냄새·맛·촉감·법이다. 6식은 6근+6경이 연緣을 이루어 인식하는 것(안식·이식·비식·설식·신식·의식)을 말한다. 곧 6근+6경+6식→18계이다. 4대는 육신을 구성하는 지·수·화·풍이다. 하나하나가 구성되어 있는 것으로, 단지 '나'라고 할 뿐이다. 인연으로 잠깐 얽매여 생긴 것이므로 주인이 없고, 주체자도 없으며, 4대로 집을 삼고 있다. 이것이 바로 공사상이다.

"몸이 4대로 구성되어 있으며, 무아이고, 무주라는 것을 의심하지 말라."는 내용은 『유마경』 방편품에 잘 표현되어 있다. 유마거사가 사람들을 교화하기 위한 방편으로 병을 나타내어 육신의 허망함을 설해준다. "여러분, 이 몸은 무상하고, 강하지 않으며, 견고하지 못해서 빨리 노쇠해간다. 그러니 믿을 것이 못 된다. 이 몸은 괴로움이며, 병 덩어리로 모인 신체이다. 지혜로운 자는 이 몸을 의지할 것이 못 되는 것임을 안다." 그러면서 몸을 물방울·물거품·아지랑이·파초·환영·그림자에 비유하였다.

몸뚱이는 실답지 못해 무상과 죽음에 쫓기는 신세이다. 이를 잘 비유한 일화가 안수정등岸樹井藤이다. 어떤 사람이 황량한 길을 걷다가 미친 코끼리에 쫓겨 도망가다 우물에 빠졌다. 그런데 그 우물 밑에는 네 마리의 독사가 있었다. 이 사람이 엉겁결에 우물 위 칡넝쿨을 붙잡았다. 밑으로 내려가자니 네 마리의 독사가 있고, 다시 위로 올라가자니 미친 코끼리가 딱 버티고 서 있다. 그런데 겨우 붙잡고 있는 칡넝쿨을 검은 쥐와 흰 쥐 두 마리가 갉아 먹고 있다. 절망감에 빠져 있는 이 사람에게 칡넝쿨에서 꿀이 똑똑 떨어졌다. 그 사람은 이전의 위급했던 상황을 까마득히 잊고 꿀의 달콤함에 빠져 있다.

이 비유에서 황량한 들판은 우리가 살고 있는 사바세계, 우물에 빠진 사람은 어리석은 중생, 미친 코끼리는 죽음, 독사는 4대로 구성된 육신, 두 마리의 쥐는 낮과 밤을 상징하는 세월, 칡넝쿨의 꿀은 인간의 5욕락(재산·수면·성욕·명예·식욕)을 비유한다. 몸뚱이는 영원하지도 않고 고정된 실체도 없어 무상과 죽음에 노출되어 있다. 그런데 인간은 마치 영원히 살 것처럼 애착부리고, 자아 속에 갇혀 산다. 이 몸은 끊임없이 좋은 것만을 먹고 취하고자 해서 독사와 같고, 원수 도적과 같다는 것이다. 그래서 원문에서 오직 본심만이 자취 없이 청정하다고 하였다. 여기서 본심이란 청정한 법신인 진리 당체이다.

이 내용을 함축하는 일월게日月偈가 있다. "꿈속에 4대로 구성된 이 몸이 흩어지니, 6진과 심식도 본래 공이다. 불조의 고향집을 알고자 하는가?! 서산으로 해 지고 동쪽에서 달 뜨네(四大各離如夢中 六塵心識本來空 欲識佛祖回光處 日落西山月出東)." 이 게송은 시식 염불에 나와 있는데, 해 뜨고 달 뜨는 그 자리에 깨달음이 있으니, 4대의 허망한 몸뚱이 인연을 떨쳐버리고 훌훌 떠나라는 의미이다. 바로 이렇듯이 수행자는 일체법이 무아이고 무상임을 정확히 알아서 탐착하거나 집착하지 말고, 지혜로서 자신을 잘 다스리라고 황벽은 말한다. 여실지견如實知見, 그저 있는 그대로만 보라!

10. 불법을 배우려 애쓸 것이 아니라, 단지 구하지만 말라

聲聞者因聲得悟 故謂之聲聞 但不了自心 於聲敎上起解 或因神
通 或因瑞相 言語運動 聞有菩提涅槃 三僧祇劫 修成佛道 皆屬聲
聞道 謂之聲聞佛 唯直下頓了自心本來是佛 無一法可得 無一行
可修 此是無上道 此是眞如佛 學道人祇怕一念有 卽與道隔矣
念念無相 念念無爲 卽是佛 學道人若欲得成佛 一切佛法 總不用
學 唯學無求無著 無求卽心不生 無著卽心不滅 不生不滅卽是佛
八萬四千法門 對八萬四千煩惱 祇是敎化接引門 本無一切法 離
卽是法 知離者是佛 但離一切煩惱 是無法可得

성문은 소리를 듣고 깨닫는 것을 말한다. 다만 자기 마음을 요달하지
못하고, 가르침에 알음알이를 내거나 혹은 신통으로, 혹은 상서로운
형상으로, 혹은 언행에 보리 열반이 있다는 말을 듣고 3아승겁 동안
닦아서 불도를 이루고자 한다. 이는 성문승의 길이요, '성문의 부처'라

고 한다. 오직 자기의 마음이 본래 부처라는 것을 몰록 요달해야 하는 것이요, 한 법도 얻을 것이 없고, 한 가지도 행할 필요가 없다. 이것이 무상도無上道이며, 진여불이다.

도를 배우는 사람들은 오롯이 일념이 일어나는 것조차 두려워해야 한다. 일념이라도 일어나면 도와는 멀어진다. 염념에 상相이 없어야 하고, 염념에 무위無爲여야 부처라고 할 수 있다. 수행자가 성불코자 한다면, 불법에서 배울 것이 아니라 오직 구하지 않고, 조금도 집착하지 않는 법을 배워야 한다. 구하는 것이 없으면 마음이 일어나지 않음이요, 집착하지 않으면 마음이 멸할 것도 없다. 불생불멸이 곧 이 부처이다. 8만4천 법문은 8만4천 번뇌에 대치하는 것이니, 다만 이는 교화해 이끌기 위한 방편이다. 본래 일체법도 없다. 여읜 즉 법이요, 여읨을 아는 즉 바로 부처이다. 다만 일체번뇌를 여의면 어떤 한 법도 얻을 필요가 없다.

─── ❧ ───

"수행자가 성불코자 한다면, 불법에서 배울 것이 아니라 오직 구하지 않고, 조금도 집착하지 않는 법을 배워야 한다."는 구절은 황벽이 어록에서 거듭 강조하는 내용이다. 『유마경』에서 "무주無住의 근원에서 일체법一切法을 일으킨다."라고 하였다. 곧 어떤 작용이 일어나도 작용이 일어나는 본 근원지에서 집착하지 않고, 무심하라는 뜻이다. 또한 같은 경에서 "법을 구하는 사람은 일체법에 무언가 구하지 말라."고 하였다. 곧 중생에게 참된 성품이 내재되어 있으므로 굳이 밖에서 무언가를 구하겠다는 마음을 갖지 말라는 것이다.

『유마경』은 선경禪經이라고 할 만큼 선사들이 가장 많이 애독하는 경전이다. 임제 의현(?~866)은 '구하는 마음이 없는 평온한 경지'를 무사無事라고 하였다. 이탈리아 로마 제정 시대의 철학자 에픽테토스(Epiktētos, 55~135년경)의 시 구절에도 임제의 선사상과 유사한 내용이 있다.

"모든 일이 당신이 원하는 대로 일이 되어가기를 기대하지 말라.
일들이 일어나는 대로 받아들여라.
그리고 흘러가도록 내버려 두어라.
나쁜 것은 나쁜 것대로 오게 하고, 좋은 것은 좋은 것대로 가게 하라.
그리하면 그때그때의 삶은 순조롭고 마음은 평화로울 것이다.
나에게 행복이란 내가 원하기만 한다면, 늘 그 자리에 서 있는 것이다.
따라서 모든 고난이나 역경은 내 마음먹기에 따라 행복으로 바뀔 수도 있다."

깨달음을 추구하는 수행만이 아니라 삶을 살아가면서 벌어지는 일들을 보면, 인간의 삿된 욕망이 문제의 발단이 되는 경우가 부지기수다. 곧 삶에서 내면의 평화를 지속하기만 하면 행복은 그 자리에서 그대를 기다리고 있을 것이다. 그러니 수행할 때는 특히 그 일어나는 생각조차 무심하게 받아들여야 한다. 있는 그대로 받아들이고, 억지로 구하려 하지 말며(無求), 청정심에 머물러 있어야 한다(無住心).

"8만4천 법문이 8만4천 번뇌에 대치하는 것"이라는 내용은 불교의 수많은 경전에 전한다. 흔히 8만4천 법문이라고 하는데, 이는 중생들의 번뇌 숫자와도 일치한다(원래는 번뇌가 매우 많다는 뜻). 곧 중생의 번뇌가 8만4천 가지이므로 법문 또한 그에 상응함을 상징한다. 부처님께서 각각 중생들의 병(번뇌)에 응해서 약(진리)을 준 것인데, 중생에게 병이 없다면 굳이 부처님이 약을 줄 필요도 없다. 즉 참된 성품자리에 굳이 한 법도 덧붙일 필요가 없다는 뜻이다.

"여읜 즉 법이요, 여읨을 아는 즉 바로 부처이다."는 『금강경』의 설과 동일하다. 14품 제목도 이상적멸분離相寂滅分이며, 14품 내용에 '일체의 모든 상을 여읜 즉 곧 제불(離一切諸相 則名諸佛)'이라고 하였다. 관념·아만심이 없는 경지가 바로 부처의 경지요, 해탈적멸상의 경지요, 실상의 경지이다. 이렇게 반야부 경전에서 강조하는 무상법문이 중국 선사상에 그대로 녹아 있다. 그런데 어찌 아만심이나 관념이 쉽게 녹여지겠는가? 수행의 끈을 놓지 않으려는 간절함만큼은 늘 염두에 두자.

11. 생각과 관념으로부터 자유롭다면, 두려움이 사라진다

學道人若欲得知要訣 但莫於心上著一物 言佛眞法身 猶若虛空 此是喻法身卽虛空 虛空卽法身 常人謂法身遍虛空處 虛空中含容法身 不知法身卽虛空 虛空卽法身也 若定言有虛空 虛空不是法身 若定言有法身 法身不是虛空 但莫作虛空解 虛空卽法身 莫作法身解 法身卽虛空 虛空與法身無異相 佛與衆生無異相 生死與涅槃無異相 煩惱與菩提無異相 離一切相卽是佛 凡夫取境道人取心 心境雙忘 乃是眞法 忘境猶易 忘心至難 人不敢忘心 恐落空無撈摸處 不知空本無空 唯一眞法界耳

수도자가 수행의 요결을 알고자 한다면, 다만 마음에 한 물건도 집착하지 말라. 부처의 참된 법신은 마치 허공과 같다. 곧 비유하자면 법신이 곧 허공이요, 허공이 곧 법신이다. 그런데 세상 사람들은 법신이 허공 곳곳에 두루 펼쳐져 있어 허공 가운데 법신이 함용되어 있다고 말한다. 이것은 법신이 곧 허공이고, 허공이 곧 법신인 줄을 모르는 것이다. 혹 결정코 허공이 있다고 한다면, 허공은 법신이 아니다. 또한 결정코 법신이 있다고 해도 법신은 허공이 아니다. 다만 '허공'이 실재한다는 알음알이를 짓지 않으면, 허공이 곧 법신이다. 또한 '법신'이 실재한다는 알음알이를 짓지 않으면, 법신이 곧 허공이다. 허공과 법신의 형상에 차이가 없으며, 부처와 중생의 형상에도 차이가 없다. 생사와 열반이 다르지 않으며, 번뇌와 보리도 다르지 않다. 일체의 상을 여읜 그 자리가 바로 부처의 경지이다. 범부는 경계에 집착하고, 도인은 마음에 집착한다. 마음과 경계를 함께 잊는 것이 참된 법이다. 그러나 경계를 잊기는 쉽지만, 마음을 잊기는 매우 어렵다. 사람들이 마음을 벗어나지 못하는 것은 공에 떨어져 붙잡고 매달릴 수 있는 것이 사라질까 두려워서이다. 공도 본래 공이라고 할 것이 없음을 알지 못하는 것이다. 오직 하나의 참된 법계일 뿐이다.

---- ०४ॐ० ----

"부처의 참된 법신은 마치 허공과 같다."에서 법신은 진여眞如요, 여여如如요, 여래이다. 또한 법신은 여래의 당체로서 깨달음을 상징하며, 깨달음을 인격적으로 표현한다. 곧 법성이나 불성이라고 하는데, 여기서는 이 의미로 보는 것이 이해하기 쉬울 듯하다. 5조 홍인(601~674)은 『수심요론』에서 "구름이 아닌 태양 그 자체를 보아야 하는데 수심守心만 잘 한다면 망념이 일어나지 않으며, 마음이 본래 청정하므로 부처와 동일한 본성임을 알아야 한다."고 하면서 구름을 번뇌에 비유하고, 구름에 가려진 태양을 불성에 비유하였다. 마조의 제자인

백장(百丈, 749~814)도 "마음이 허공과 같이 지혜의 해가 저절로 나타나는데 마치 구름이 흩어지면 해가 나오는 것과 같다."고 하였다. 또한 6조 혜능(638~713)도 『육조단경』 「참회품」에서 선善한 자성을 태양과 달에, 악惡한 성품을 구름에 비유하였다.

이렇게 여러 선사들이 불성을 태양에, 번뇌를 구름에 비유한 반면 황벽은 법신(불성)을 허공에, 번뇌를 태양에 비유하였다. 여러 선사들의 비유는 '망妄을 꿰뚫어 참됨 법신을 보아야 함'을 강조하기 위해서다. 하지만 망이 사라져야 참됨이 드러나는 것이 아니다. 곧 망 속에 참됨이 있는 것이다. 『유마경』에서 "번뇌를 끊고 열반을 얻는 것이 아니라, 번뇌가 일어난 그 자리에서 열반을 구하는 것"이라고 하였다. 곧 번뇌를 끊지 않고, 열반을 얻을 필요가 없는 본래의 마음으로 돌아가는 것이다. 달마가 강조한 불안한 마음 이외에 안심할 마음이 따로 있는 것이 아닌 것과 같은 이치이다. 번뇌가 일어난 그 자리가 깨달음의 자리요(煩惱卽菩提), 생사가 일어난 그 자리가 열반의 자리이다(生死卽涅槃). 그래서 황벽이 "부처와 중생의 형상에도 차이가 없고, 생사와 열반도 다르지 않으며, 번뇌와 보리도 다르지 않다."고 강조하는 것이다.

"마음과 경계를 함께 잊는 것이 참된 법이다."라는 부분은, 선리禪理가 아닌 『천수경』 내용을 이끌어 중생의 삶과 연관지어 보자. 『천수경』의 "죄에는 본 성품이 없고 단지 그 마음에 따라 일어나니, 만약 그 마음이 멸한다면 죄도 또한 없어지고, 죄와 마음 이 두 가지가 모두 사라지면 곧 진실한 참회이다(罪無自性從心起 心若滅是罪亦忘 罪忘心

滅兩俱空 是則名爲眞懺悔)."라는 내용은 단순한 참회를 넘어 공사상이 담겨 있다. 전반적으로 사람은 자기 스스로가 만들어낸 두려움·비굴함·자괴감·열등감·콤플렉스·낮은 자존감으로 자승자박한다. 허상으로 만든 것에 스스로 실체가 있다고 착각하고 괴로워한다. 죄의식이라는 것도 번뇌가 만들어낸 뜬구름과 같은 것이다. 곧 죄라고 하는 경계와 그 마음이 만들어낸 죄의식, 두 가지에서 벗어나야 자유로울 수 있다. 우리가 겪는 고통의 대부분도 자신의 생각과 관념이 만들어낸 산물이다. 만약 이 생각과 관념으로부터 자유로울 수 있다면, 어떤 두려움과 걱정이든 사라질 것이다. 이것이 진정한 자유다.

12. 주인공아, 눈 똑바로 뜨고 있는가!

☙

此靈覺性 無始已來 與虛空同壽 未曾生 未曾滅 未曾有 未曾無
未曾穢 未曾淨 未曾喧 未曾寂 未曾少 未曾老 無方所 無內外
無數量 無形相 無色象 無音聲 不可覓 不可求 不可以智慧識 不可
以言語取 不可以境物會 不可以功用到 諸佛菩薩與一切蠢動含
靈 同此大涅槃性 性卽是心 心卽是佛 佛卽是法 一念離眞 皆爲妄
想 不可以心更求於心 不可以佛更求於佛 不可以法更求於法 故
學道人直下無心 默契而已 擬心卽差 以心傳心 此爲正見

이 영각의 성품은 무시이래로 허공과 더불어 같은 수명이다. 생멸이
없고, 유무도 없으며, 청정과 오염도 없으며, 번잡하고 고요함도
없다. 젊음과 늙음도 없으며, 방향과 장소도 없고, 안팎이 없으며,
수량과 형상이 없고, 색상과 음성이 없으니, 찾아 구할 수 없다.
지혜로써 알 수 있는 경계가 아니며, 언어로써 표현될 수 없고, 대상경

계로써 만날 수도 없으며, 노력해서 도달할 수 있는 경지가 아니다. 제불·보살·꿈틀대는 벌레에 이르기까지 모두 똑같은 대열반의 성품을 갖고 있다. 이 성품이 곧 마음이고, 마음이 곧 부처이며, 부처가 곧 이 법이다. 한 순간도 참됨을 여의면 모두 망상이다. 마음으로서 마음을 구하지 말고, 부처로서 부처를 구하지 말며, 법으로서 다시 법을 구하지 말라. 그러므로 도를 배우는 수행자는 곧바로 무심하고 묵묵히 계합해야지, 주저하는 마음이 있으면 그릇된 길이다. 마음으로서 마음을 전하는 것이 바른 안목이다.

—— ০৪৪০ ——

"영각의 성품"은 참된 성품인 불성을 말한다. 인도사상사적 관점에서 보면, 불성보다는 여래장이란 말이 더 보편적이다. 어쩌면 인도에서는 여래장이라는 말이 지배적이어서 당시에는 (어느 지역에서는) '불성'이라는 어원을 모르고 있었는지도 모른다. 『열반경』에서는 '불성'을 쓰고 있지만, 대부분의 중기 대승경전에서는 '여래장'이라고 칭하였다. 『열반경』 이후 여래장 대신 불성이란 말이 점차 정착되었고, 중국에서는 여래장이라는 용어보다 불성을 선호해 쓰다 보니 불성이 보편적으로 쓰였다. 여래장이나 불성은 부처가 될 가능성, 부처가 될 능력, 부처가 될 원인이다. 이 사상이 중기 대승불교에서 발전되었다고 보지만, 부처님 당시로 소급하여 살펴볼 수 있다. 장아함 『대반열반경』에 의하면, 부처님은 입적 전에 이런 말씀을 하셨다. "비구들은 자기 자신을 등불로 삼고, 진리를 등불로 삼으라. 자신을 의지하고 진리를 의지하라(自燈明 法燈明 自歸依 法歸依)."고 하였다.

또 다른 경전에서는 "자기를 섬으로 삼고, 자기를 의지하라. 법을 섬으로 삼고, 법을 의지하라."고 하였다.

이렇게 대승불교 이전, 일찍이 초기불교에서 '섬'이나 '등불'을 비유 삼아 자신에게 내재된 본성을 자각하며, 다른 것을 의지하지 말라고 하였다. 여기서 섬과 등불은 불성이나 본성과 같은 의미라고 본다. 그런데 이런 불성이란 용어가 대승경전마다 다양한 용어로 쓰여 있다. 게다가 중국에서 선종이 발달하면서 다양한 언어를 창출해내어 선의 르네상스를 방불케 할 정도이다. 불성을 상징하는 몇 가지만 나열하면 이러하다.

부모 뱃속에 들기 이전의 근원적인 자기(父母未生之前本來面目)를 말하는 본래면목·청정한 성품이라고 하는 자성自性·일체중생 누구나 가 다 갖추고 있다고 하는 불성佛性·진성眞性·진여眞如·본성本性·본심本心·법성法性·본지풍광本地風光·불심佛心·열반涅槃·멸도滅度·적멸寂滅·보리菩提·정법안장正法眼藏·일물一物·일착자一着子·제일의제第一義諦 등 수많은 어의가 있다.

이런 깨달음의 본성인 불성과 자성을 감히 언어로 드러낼 수 없으며, 어떤 상대적인 대상을 통해 비유할 수도 없고, 어떤 형체로 표현할 수도 없으며, 생겼다거나 멸했다는 세상의 언어로 드러낼 수 있는 것이 아니다. 법신적인 당체이기 때문에 굳이 정진하고 노력해서 얻어지는 것이 아니라는 뜻이다. 곧 본래성불本來成佛이기 때문에 밖에서 찾아 구할 수 있는 것이 아니다. 그래서 부처님으로부터 시작해 제자에게 전해졌고, 또 그 제자가 다시 제자에게 마음에서 마음으로 전하는 이심전심以心傳心의 법이다. 이렇게 대열반의 성품은 특정한 인물만이 아닌, 부처든 성현聖賢이든 평범한 범부든 누구나 구족하고 있다. 심지어 황벽은 이 어록에서 꿈틀대는 벌레까지 깨달을 수 있는 성품을 갖추고 있다고 하였다.

또 영각성을 주인공主人公이라고 한다. 선사들은 이 단어를 자주 활용하였다.

당나라 때, 선사 서암언(瑞巖彦, 850~910)은 매일 바위 위에 올라가 좌선을 하고, 마친 뒤 큰소리로 자기를 부르고 스스로 답하였다.
"주인공아!"
"네."
"눈을 똑바로 뜨고 있는가?"
"네."
"남에게 속지 마라."
"네."

13. 도적을 자식으로 오인하지 마라

愼勿向外逐境 認境爲心 是認賊爲子 爲有貪瞋癡 卽立戒定慧
本無煩惱 焉有菩提 故祖師云 佛說一切法 爲除一切心 我無一切
心 何用一切法 本源淸淨佛上 更不著一物 譬如虛空 雖以無量珍
寶莊嚴 終不能住 佛性同虛空 雖以無量功德智慧莊嚴 終不能住
但迷本性 轉不見耳 所謂心地法門 萬法皆依此心建立 遇境卽有
無境卽無 不可於淨性上轉作境解 所言定慧鑑用歷歷 寂寂惺惺
見聞覺知 皆是境上作解 暫爲中下根人說卽得 若欲親證 皆不可
作如此見解 盡是境縛 法有沒處 沒於有地 但於一切法不作有無
見 卽見法也

밖으로 대상경계에 쫓아가는 것을 삼가고, 그 대상경계를 마음이라고
오인하지 마라. 이는 마치 도적을 자식으로 여기는 것과 같다. 탐·진·
치 3독이 있기 때문에 계·정·혜 3학이 시설된 것이다. 본래 번뇌가

없는데, 어디에 보리가 있을 것인가? 그러므로 조사가 이렇게 말했다. "부처가 일체법을 설한 것은 일체의 마음(번뇌)을 제거하기 위함이다. 그대에게 번뇌가 없는데, 무슨 법이 별도로 필요하겠는가?" 본원청정불에게는 한 물건도 필요치 아니하다. 비유하자면 저 허공에다 무량한 보물로 장엄하려고 해도 영원히 꾸밀 수 없는 것과 같다. 불성이 허공과 같기 때문에 비록 무량한 공덕으로 장엄하려고 해도 마침내 장엄되지 않는다. 다만 본성을 미혹해 전도되어 보지 못할 뿐이다. 심지법문이란 만법이 다 이 마음을 의지해 건립된 것을 말한다. 대상경계를 만나면 (마음이) 있고, 대상경계를 만나지 못하면 (마음이) 없다. 그러니 청정한 성품자리를 전도하여 대상경계의 알음알이를 짓지 말라. 이른바 선정과 지혜의 비추는 작용의 역력함, 적적하면서 성성함, 견문각지는 다 대상경계에서 알음알이를 짓는 것이다. 잠깐 중·하근기를 위해 설했을 뿐이다. 만약 직접 증득코자 한다면 이와 같은 견해를 내지 마라. 법이 어딘가에 떨어질 곳이 있다고 한다면, 그 '있다는 것'에 떨어지는 것이다. 다만 일체법에 유무有無의 견해를 내지 않는다면, 이것이 바로 바른 안목을 갖춘 것이다.

— ∞ —

"대상경계에 쫓아가는 것을 삼가고, 그 대상경계를 마음이라고 오인하지 마라. 마치 도적을 자식으로 여기는 것과 같다."는 부분을 보자. 교학에서 안·이·비·설·신·의, 6근을 '6적六賊'이라고도 한다. 눈으로 좋은 것만 보려고 하고, 귀로 좋은 소리만 탐착하며, 혀로 맛있는 것만을 탐착하여 (수행과 거리가 먼) 번뇌를 만들어내기 때문에 6적

(여섯 도둑)이라고 한다. 그러므로 이렇게 6근이 대상경계와 만나서 만들어진 의식을 참 마음이라고 믿어서는 안 된다는 것을 강조하고 있다. 곧 대상과 만나서 형성된 경계의 마음(번뇌)을 청정한 마음이라고 착각하지 말라는 의미이다.

일상의 삶에서도 이런 유사한 일이 많이 발생한다. 오해에서 빚어지는 참극인데, 단순히 눈으로 본 그 하나만으로 오해를 하고, 완전히 믿어 상대를 해하는 경우가 있다. 셰익스피어 4대 비극 가운데 하나인 『오셀로(Othello)』를 보자. 주인공 오셀로는 아내가 갖고 있는 손수건을 보고, 아내가 자신의 부하와 부적절한 인연이라고 생각한다. 점점 색안경으로 아내를 보다가 결국 아내를 죽인다. 이후 모든 진실이 밝혀지자 주인공도 결국 자살한다. 자신의 눈으로 본 것을 그대로 믿고 오해한 뒤에 자신을 나락으로 떨어뜨린 격이다. 보는 것이 다가 아니고, 듣는 것이 다가 아니다. 곧 진정한 견해, 삶을 바라보는 안목이 갖춰졌다면 이런 실수는 일어나지 않을 것이다.

유식이론에 '일수사견一水四見'이라는 말이 있다. 즉 같은 물이라도 천인天人은 보석으로 장식된 연못이라고 보고, 인간은 단지 물로 보며, 아귀는 피(血)로 보고, 물고기는 자신이 사는 주처住處로 여긴다. 즉 동일한 대상일지라도 보는 자의 견해에 따라 다르게 보고, 다르게 생각한다는 것이다. 곧 자신의 주관적 견해로 내린 판단이 얼마나 어리석은가를 보여주는 실례이다.

모든 중생이 부처와 다름없는 성품을 구족하고 있기 때문에 부처님은 굳이 법을 설할 필요가 없었다. 굳이 '도를 닦으라'고 할 필요도 없었고, 3학이나 8정도 등 교리를 시설할 필요도 없었다. 그런데 중생이 번뇌를 일으켜 대상과 만난 경계를 마치 참 마음이라고 오인하기 때문에 계정혜 3학과 8정도를 언급하며, 수행을 강조한 것이다. 중생이 번뇌를 일으키지 않는다면 부처님은 굳이 어떤 법문도 하지 않았을 것이다. 곧 중생이 참다운 성품을 모두 구족하고 있기 때문에 어떤 것도 갖다 붙일 필요가 없는 것이다.

그러나 현실에 당면한 탐욕과 그릇된 행동, 어리석은 중생이 있기 때문에 진리의 자료가 탄생되었다고 볼 수 있다. 어느 초기불교 학자는 "부처님은 괴로움이라는 부정성, 즉 '나쁜 것'을 교리와 실천의 출발점으로 삼았다."라고 했으며, 대승선에서는 원래 청정한 바탕인데 번뇌를 일으키기 때문에 그릇된 성품을 대치시키기 위해 방편으로 법을 설한 측면으로 본다. 원문에서 "심지법문이란 만법이 다 이 마음을 의지해 건립된 것을 말한다."고 한 것도 곧 이 세상 모든 만물은 자신의 마음이 만든 허상이므로 청정 본원 자리에 입각해 허상의 알음알이를 내지 말라는 것이다.

14. 법이란 생겨난 것도 아니고, 사라지는 것도 아니다

九月一日 師謂休曰 自達磨大師到中國 唯說一心 唯傳一法 以佛
傳佛 不說餘佛 以法傳法 不說餘法 法卽不可說之法 佛卽不可取
之佛 乃是本源淸淨心也 唯此一事實 餘二則非眞 般若爲慧 此慧
卽無相本心也 凡夫不趣道 唯恣六情 乃行六道 學道人一念計生
死 卽落魔道 一念起諸見 卽落外道 見有生 趣其滅 卽落聲聞道
不見有生 唯見有滅 卽落緣覺道 法本不生 今亦無滅 不起二見
不厭不忻 一切諸法 唯是一心 然後乃爲佛乘也

9월 1일 선사께서 내게 말씀하셨다.

"달마대사가 중국에 온 이래 오직 일심을 설하셨고, 오로지 이
한 법을 전하였다. 부처로서 부처에게 전했으며, 다른 부처를 설하지
않았다. 법으로서 법을 전했으며, 다른 법을 설하지 않았다. 법이란
언어로 설할 수 있는 법이 아니며, 부처는 감히 형상으로 표현할

수 있는 부처가 아니다. 이것이 본원청정심이다. 오직 하나의 사실만
이 진실이고, 나머지 둘은 진실이 아니다. 반야는 지혜이고, 이 지혜는
곧 무상無相의 본심本心이다. 범부는 도에 나아가지 않고, 오직 6정에
사로잡혀 6도를 떠돌아다닌다. 수행자가 일념이라도 생사에 떨어지
면 곧 마구니의 길에 떨어진다. 또 일념이라도 견해를 일으킨다면
곧 외도에 떨어진다. 한편 생이 있다고 한다면 그 멸에 나아가 성문의
길에 떨어져 생이 있음을 보지 못하고, 오직 멸만 있다고 한다면
곧 연각의 길에 떨어진다. 법이란 본래 생한 것도 아니고, 지금 또한
멸하는 것도 아니다. (생멸) 두 견해를 일으키지 않으면 좋거나 싫을
것도 없다. 일체법에 있어 오직 이 일심을 요달해야 일불승이 된다."

———— ꩜ ————

"부처로서 부처에게 전했으며, …"는 이심전심으로 법이 전등傳燈되는
것을 말한다. 부처님께서 가섭 존자에게 세 곳에서 마음에서 마음으로
법을 전한 것을 삼처전심三處傳心이라고 한다. 첫째로 '영산회상염화
미소靈山會上拈花微笑'인데, 부처님께서 영산회상에서 법을 설하다
꽃을 들어 보이자, 대중 가운데 가섭만이 그 뜻을 알고 미소를 지었다.
둘째로 다자탑전분반좌多子塔前分半坐인데, 부처님께서 법문을 하시
는 도중에 가섭이 오자, 가섭이 옆에 앉도록 자리를 내주었다. 셋째로
사라쌍수곽시쌍부沙羅雙樹槨示雙趺인데, 부처님께서 사라쌍수 아래
에서 열반에 드셨는데, 가섭 존자가 부처님 입멸 후 7일이 지나 도착해
"세존이시여! 세존의 열반이 어찌하여 이렇게 빠르십니까?"라고 하며
관 옆에서 슬피 울자, 부처님께서 관 밖으로 두 발을 내밀어 보였다는

내용이다. 이 삼처전심은 당나라 때, 선종이 형성되고 발전하면서 선사들이 선의 정통성을 정립하기 위해 세운 이론이다. 곧 청정한 본원심인 일심의 일법이 부처가 부처에게, 조사에서 조사로 면면히 전해진 것이다.

"부처는 감히 형상으로 표현할 수 있는 부처가 아니다."는 내용을 보자. 앞에서 형상에 집착하지 않아야 한다는 '단하소불丹霞燒佛'을 언급했었다. 부처가 되기 위해 수행한다고 하지만, 그 부처란 어떤 모습이어야 한다는 일정한 형태가 없다. 남악 회양(南岳懷讓, 677~744) 선사가 제자 마조(馬祖, 709~788)에게 "기왓장을 무조건 간다고 해서 거울이 될 수 없듯이 무조건 좌선만으로는 부처가 될 수 없고, 앉아 있는 부처의 형상(坐佛)을 익히는 것이라면 부처는 정해진 모양이 없으며, 좌선을 익히는 것이라면 선이란 결코 앉아 있는 것이 아니다."라고 하였다. 모양도 없는 것을 형체화하는 것 자체가 그릇된 일이다.

니코스 카잔차키스의 『그리스인 조르바』에 이런 내용이 있다. "믿음이 있으면 낡은 문설주에서 떼어 낸 나무 조각도 성스러운 물건이 될 수 있고, 믿음이 없으면 거룩한 십자가도 문설주나 다름이 없다." 곧 위대한 성자도 믿음에 의해서 빚어진다. 부처란 일정한 형체가 있는 것이 아니므로 어떤 모습이라고 단정 짓는다면 곧 사견에 빠지는 격이다. 법 또한 언어로 표현해낼 수 있는 것이 아니다.

"6정"이란 안·이·비·설·신·의 6근 작용을 말하고, "6도"는 지옥·아귀·축생·수라·인계·천계로서 중생이 윤회하는 세계를 말한다. 곧 중생이 수행길로 뛰어들어 훌쩍 열반에 들지 못한다면 계속 6도를 윤회한다.

"생이 있다고 한다면 그 멸에 나아가 성문의 길에 떨어진다." 이하를 보자. 성문승은 4성제를 바탕으로 수행한다. 곧 고성제 → 멸성제에 이르는 수행법을 근간으로 한다. 연각은 12연기를 바탕으로 수행한다. 조사선적 관점에서는 성문·연각승을 뛰어넘어 생멸이라는 분별심에 머물지 말 것을 강조한다.(교학적으로 성문과 연각은 초기불교적인 관점에 입각해 있고, 조사선은 대승불교 입장이라는 점을 염두에 두어야 한다. 이에 대승불교 관점에서는 성문승과 연각승을 낮춰본다.) 곧 황벽은 성문승과 연각승은 '생'과 '멸'이라고 하는 이분법적 관념을 두고 있어 청정본원심에 위배되어 있음을 설하고 있다.

　여여如如·진여眞如라고 통칭될 수 있는 법신法身은 생겨나는 것도 아니고, 사라지는 것도 아니다. 이를 여래(tathāgata)라고도 하는데, 여래如來는 참된 진리 세계에서 사바세계로 왔다고 하지만, 실은 오는 것도 아니다. 또 진리 세계로 간다고 해서 여래를 여거如去라고 하는데, 실은 가는 것도 아니다. 그래서 『금강경』에서 "여래는 어디로부터 온 것도 아니고, 어디로 가는 것도 아니다. 단지 여래라고 이름할 뿐이다(如來者 無所從來 亦無所去 故名如來)."라고 하였다. 이러기 때문에 원문에서 "법이란 본래 생한 것도 아니고, 지금 또한 멸하는 것도 아니다."라고 한 것이다. 본래의 참된 성품 그대로이지, 생겨나거나 사라지는 것도 아니며, 중생의 시비분별로 판단해서 알 수 있는 경지가 아니다. 그래서 참다운 경지는 성문승도 연각승도 아닌 일불승인 것이다. 바로 이 일불승이 대승의 최상승인 부처 경지이다.

15. 삼세에 구속도 걸림도 없는 자유인

凡夫皆逐境生心 心遂忻厭 若欲無境 當忘其心 心忘卽境空 境空
卽心滅 若不忘心 而但除境 境不可除 祇益紛擾 故萬法唯心 心亦
不可得 復何求哉 學般若人不見有一法可得 絶意三乘 唯一眞實
不可證得 謂我能證能得 皆增上慢人 法華會上 拂衣而去者 皆斯
徒也 故佛言 我於菩提 實無所得 默契而已 凡人臨欲終時 但觀五
蘊皆空 四大無我 眞心無相 不去不來 生時性亦不來 死時性亦不
去 湛然圓寂 心境一如 但能如是直下頓了 不爲三世所拘繫 便是
出世人也 切不得有分毫趣向 若見善相諸佛來迎 及種種現前 亦
無心隨去 若見惡相種種現前 亦無心怖畏 但自忘心 同於法界
便得自在 此卽是要節也

범부는 모든 경계에 쫓아가 마음을 내는데, 이는 마음이 좋고 싫음을
쫓아가는 것이다. 만약 경계가 없다면 마땅히 그 마음을 잊은 것이다.

마음을 잊은즉 경계가 공하고, 경계가 공한즉 마음이 멸한다. 만약 마음을 잊지 못하고 다만 경계만을 제거하려고 하면, 경계는 제거되지 아니하고 다만 혼동만이 증가할 것이다. 그러므로 만법이 오직 마음이다. 이 마음을 가히 찾을 수도 없으니, 다시 어디서 무엇을 구하겠는가? 반야를 배우는 사람은 한 법도 얻을 것이 없으며, 마음에는 삼승을 끊고 오직 하나의 진실임을 알아야 한다. 그런데 혹 증득하지 못했는데 '내가 증득했'고 한다면, 이는 증상만인이다. 법화회상에서 옷을 떨치고 가버리는 사람들이 모두 이러한 무리들이다. 그러므로 부처는 '보리에서 실로 얻은 것이 없다'고 말씀하시고, 묵연하셨다.

범부는 죽음에 이르러서야 다만 5온이 공하며 4대가 무아임을 관한다. 진심은 모습이 없어서 거래가 없다. 생겨날 때도 참된 성품이 오는 것이 아니요, 멸할 때도 참된 성품이 사라지는 것이 아니다. 맑고 원만하며 고요해서 마음과 경계가 모두 일여하다. 다만 이와 같이 곧바로 몰록 깨닫는다면, 삼세에 구속되거나 결박되지 않는 출세인이다. 절대로 털끝만큼이라도 구하려고 해서는 안 된다. 설령 좋은 현상으로서 제불의 영접을 접하거나 가지가지가 현전하더라도 마음에 따라 가지 마라. 또한 설령 좋지 않은 현상으로서 가지가지가 눈앞에 나타나더라도 마음에 두려움을 갖지 마라. 다만 스스로 마음을 잊어 법계와 하나가 된다면, 문득 자재를 얻을 것이요, 이것이 마음의 긴요한 진리이다.

—— ❧ ——

"마음에는 삼승을 끊고 오직 하나의 진실임을 알아야 한다."는, 깨달음의 길이 여러 갈래이지만, 목표인 부처가 되는 것, 바로 일승을 최상승으로 염두에 두라는 뜻이다. 『법화경』「방편품」에서 "시방불토 중에는 오직 일승법만 있을 뿐이요, 이승도 없고 삼승도 없다."고 했으며, "모든 부처님의 말은 허망하지 않나니 다른 법은 없고, 오직 일불승뿐이다."라고 하였다. 일승이란 누구나 성불할 수 있는 근기가 내재되어 있음을 뜻한다. 『법화경』은 일불승을 지향하지만, 중생의 근기에 맞춰 방편(성문·연각·보살)을 시설하였다. 각각의 방편을 부정하는 것이 아니라 긍정하면서 일승의 참 의미를 밝히기 위한 3승방편三乘方便 일승진실一乘眞實임을 강조한다. 이를 증명하기 위해 『법화경』에서 3계화택三界火宅이나 장자궁자長子窮子 비유를 들고 있다.

"법화회상에서 옷을 떨치고 가버리는 사람들이 모두 이러한 무리들"은 증상만인을 말한다. 『법화경』에서 부처님이 법을 설하기 전, 무량의처삼매에서 일어나 앉아 있었다. 사리불 존자가 부처님께 설법해줄 것을 요청해도 부처님께서 법을 설하지 않았다. 세 번 청했을 때, 부처님께서 법을 막 설하려고 하는데, 비구·비구니·재가자 5천 명이 자리에서 일어나 회상을 떠났다. 그러자 부처님께서 말씀하셨다. "선근이 깊지 못하고, 얻지 못한 것을 얻었다고 잘난 척하는 증상만인들은 회상을 떠났다. 여기에는 법을 듣고자 하는 알갱이들만 남았다. 이제부터 법을 설하리라." 이를 '오천기거五千起去'라고 한다.

"5온이 공하며 4대가 무아임을 관한다."에서 4대와 5온은 인간 범주를 이루는 요소들로, 5온은 색·수·상·행·식이고, 4대는 지·수·화·풍이다. 여기에서는 '범부는 죽음에 이르러서야 본다'고 했지만, 불자들은 4대와 5온이 공하며 무아임을 사무쳐 깨달아야 한다. 불자들이 자주 독송하는 『반야심경』의 첫 머리에 "관자재보살이 깊은 반야바라밀다를 행할 때, 5온이 공空이라는 것(諸法空相)을 관조해 깨닫고 모든 고통과 고뇌에서 벗어났다."는 구절이 있다. 즉 반야의 공관(無我)으로 비춰보는 것(있는 그대로 봄으로서)만으로도 고통에서 벗어날 수 있다.

"몰록 깨닫는다면 삼세에 구속되거나 …"에서, 삼세는 과거·현재·미래를 말한다. 삼세에 대해서는 『금강경』이나 『유마경』 등 여러 대승경전에서 언급하고 있다. 과거·현재·미래라는 것도 이름 붙였을 뿐 정의할 수 없으며, 잠시도 머물러 있지 않다. 그래서 『유마경』에서는 "법에는 개아가 없는데, 과거와 미래의 시간이 끊어졌기 때문이다."라고 하였다. 깨달음에 과거·현재·미래 시제가 없듯이 무위법無爲法 경지에는 과거·현재·미래가 끊어졌다. 그래서 법신法身은 오고 가는 시간적인 거래去來가 없는 것이다. 그래서 구하려는 마음을 쉬라는 것이다. 그러니 좋은 현상 경계가 나타나도 현혹되지 말고, 설령 나쁜 경계가 나타날지라도 의기소침하지 말아야 한다. 이렇게 법계와 하나가 되면, 삼세에 걸림 없는 대자유인, 무사인無事人이 되는 것이다.

16. 현재 생사가 일어난 그 자리가 원각도량

十月八日師謂休曰 言化城者 二乘及十地等覺妙覺 皆是權立接
引之敎 並爲化城 言實所者 乃眞心本佛自性之寶 此寶不屬情量
不可建立 無佛無衆生 無能無所 何處有城 若問此旣是化城 何處
爲實所 實所不可指 指卽有方所 非眞實所也 故云在近而已 不可
定量言之 但當體會契之卽是 言闡提者 信不具也 一切六道衆生
乃至二乘 不信有佛果 皆謂之斷善根闡提 菩薩者 深信有佛法
不見有大乘小乘 佛與衆生 同一法性 乃謂之善根闡提

10월 8일, 선사가 배휴에게 말씀하셨다.

"화성이란 이승 및 십지·등각·묘각을 말한다. 모두 방편인데, (중
생을) 이끌기 위한 가르침으로 화성이라고 한다. 또한 보배가 있는
곳이란 진심의 본래 부처인 자성의 보배를 말한다. 이 보배는 사량
분별로 헤아려 알 수 있는 것이 아니며, 설정될 수도 없고, 부처와

중생이라는 것도 없으며, 주관과 객관도 없다. 그런데 어느 곳에 성城이 있겠는가? 만약 '이곳이 이미 화성이냐?'고 묻는다면, 어느 곳이 보배 있는 곳이라고 하겠는가? 보배 있는 곳이 어디라고 지적할 수 없다. 혹 어디라고 지적한 장소가 있다면, 이는 참된 보배 있는 곳이 아니다. 『법화경』에서도 가까이 있다고만 했을 뿐 일정한 장소를 언급하지 않았다. 다만 당체에 계합하는 그곳이 바로 이곳(진실함)이다. 천제란 신근信根을 구족하지 못한 자를 말한다. 일체 6도 중생 및 이승은 불과를 믿지 않으니, 이들은 선근이 끊어진 천제라고 할 수 있다. 보살은 불법을 깊이 믿고, 대승과 소승을 구별하지 않으며, '부처와 중생이 동일한 법성을 갖고 있다'는 견해를 가진 이들이다. 이를 일러서 선근이 있는 천제라고 한다."

―― ∞∞ ――

"화성化城"은 『법화경』 「화성유품」에 언급된 내용이다. 경에서는 비구들이 소승법을 좋아하고, 5욕락에 빠지기 때문에 이들을 경각시키기 위해 화성으로 방편을 들어 비유한다. 그런데 어리석은 자들은 거짓으로 설한 열반을 진짜 열반으로 믿고 받아들인다. 그래서 경에서 비유를 들었는데, 길라잡이가 사람들에게 오백 유순쯤 되는 지점에 진귀한 보물이 있으니, 험난한 길을 지나 보물을 구하러 가자고 한다. 사람들이 처음에는 잘 따라가다가 중간에 지쳐서 포기하려고 하자, 길라잡이가 삼백 유순쯤 되는 곳에 환상의 성을 지어 놓고 사람들에게 '잠깐 쉬어 가자'고 한다. 사람들이 성에 들어가 편안히 쉬었을 무렵, 길라잡이는 '이곳은 화성이고 조금만 더 가면 진짜 목적지가 있다'고 말한다. 여기서 길라잡이는 여래에 비유하고, 사람들은 중생, 화성은 방편에 비유한 것이다. 중생들이 일불승을 들으면 지레 겁을 먹고 쉽게 포기할까 염려되어 방편(성문·연각)을 설한 것이다.

『법화경』에서도 단순히 5백 유순이라는 곳에 보배가 있다고 했을 뿐 정확한 장소를 언급하지 않는다. 어록 원문에서 언급하고 있듯이 보배가 어디에 있다고 말하지 않는다. 실은 '어느 곳' '어디'라는 장소는 있을 수 없다. 바로 자신에게 내재된 당체에 계합하는 그곳이 바로 깨달음의 당처요, 보배가 있는 곳이다. 『열반경』에서는 "만약 중생의 신체 중에 불성이 특별히 어디에 있다고 말하면 그것은 옳지 않다. 왜냐하면 중생이 곧 불성이고, 불성이 곧 중생이기 때문이다."라고 하였다. 깨달음의 근원인 불성이 사람의 신체 어디에 있다고 할 수 없거늘, 어찌 공간적인 이동을 통해서 일불승을 찾을 수 있겠는가.

해인사 팔만대장경 당우 주련에 "원각도량이 어디인가? 현재 생사가 일어나는 바로 그곳이다(圓覺道場何處 現今生死卽是)"는 내용이 있다. 바로 현재 번뇌로 살아가는 자신이 열반의 자리요, 깨달음의 당처이다. 멀리 있다고 길을 찾아나서는 자체가 어리석은 일이다. 또 고개를 돌리는 그 자리가 바로 피안(回頭是岸)이라고 하였다. 자신이 서 있는 그곳에서 고개를 돌리면, 바로 그곳이 열반 언덕이다.

"천제란 신근信根을 구족하지 못한 자"에서, 천제는 일천제一闡提를 말한다. 일천(icchant)은 믿음·방편·정진·생각·선정·무상한·지혜의 의미를 함축하고, 제(ika)는 '갖추지 못하다'는 뜻으로 믿음을 갖추지 못했거나 좋은 방편을 갖추지 못한 것, 정진을 갖추지 못한 것등등으로 번역된다. 일천제에 대해서는 『열반경』에 자세히 설하고 있다.[4] 『열반경』에서는 아무리 악한 성품을 가진 자라고 할지라도 현재 선법善法이 없을 뿐이지, 앞으로 성불할 가능성이 있다고 설한다. 황벽 선사는 천제에 대해 '보살로서 대승법을 갖추지 못한 자'를 모두 일천제라고 하며 범위를 넓혀 말하고 있다. 그러면서 황벽은 뛰어난 천제란 '부처와 중생은 마음자리에 있어 동일한 성품을 갖고 있으며, 중생도 청정한 본성 차원에서는 곧 부처라고 자각하는 자'라고 강조하고 있다.

---

4 일천제는 첫째, "불법승 3보를 믿지 않아 3악도에 떨어진 자", 둘째, "선근善根이 없어 고해에 빠져 깨달음을 이룰 근원이 없으며 악업이 무겁고 신심이 없는 자", 셋째, "파계하거나 경전과 정법正法을 비방하는 자"이다. 『열반경』 「가섭품」에서 "선남자여! 다시 설하는 것을 잘 들어라. 네 가지 중한 계율을 범한 자나 대승경전을 비방하는 자, 또한 오역죄를 지은 자일지라도 이들은 모두 불성이 있느니라. 이와 같이 모든 중생들이 선법善法은 없으나 불성을 갖추고 있기 때문이다."

17. 흙덩이를 쫓지 말고, 흙덩이 던진 사람을 물어라

大抵因聲敎而悟者 謂之聲聞 觀因緣而悟者 謂之緣覺 若不向自
心中悟 雖至成佛 亦謂之聲聞佛 學道人多於敎法上悟 不於心法
上悟 雖歷劫修行 終不是本佛 若不於心悟 乃至於敎法上悟 卽輕
心重敎 遂成逐塊 忘於本心故 但契本心 不用求法 心卽法也

일반적으로 부처님의 가르침을 듣고 깨달음을 구하는 자를 성문이라
고 하고, 인연법을 관찰해서 깨닫는 자를 연각이라고 한다. 만약
자기의 마음 가운데서 깨닫지 못한다면, 비록 성불했다고 해도 '성문의
부처'라고 한다. 도를 배우는 구도자들이 교법에서만 깨달음을 구할
뿐 심법 위에서 깨달으려고 하지 않는다. 이렇게 해서는 비록 수
겁을 수행한다고 해도 본 부처가 될 수 없다. 만약 심법에서 깨달으려고
하지 않고 교법에서 깨달으려고 한다면, 이는 마음을 가벼이 여기는
일이다. 교법만을 귀하게 여긴다면, (흙덩이를 던진 사람은 물지

않고) 흙덩이를 쫓는 개와 같은 꼴이다. 이는 근본적인 심법을 잊어버린 것이다. 그러니 근본적인 심법에 계합코자 한다면, 달리 법을 구할 필요가 없다. 마음이 곧 심법이기 때문이다.

—— ∞⅏ ——

성문승은 4성제 법문을 근거로 깨달음을 구하는 이들이며, 연각승은 12연기를 토대로 공부하는 이들이다. 대승불교 운동이 일어나면서 대승의 행자라고 자칭했던 이들이 보살이다. 보살 대중은 이전의 교단 수행자들을 비판하며, 그들을 성문과 연각이라고 칭하였다. 황벽의 어록은 대승불교적인 입장이므로 성문과 연각을 수행 계위상 낮추어 보는 측면이 있다.

"자기의 마음 가운데서 깨닫지 못한다면, …"은 타인을 통해서나 교법을 통해서는 깨달을 수 없음을 의미한다. 그러면서 그 반작용으로 자신의 마음에서 도를 구해야 한다는 것이다.

첫째로 수행자 자신 밖의 타인, 즉 스승과의 관계를 보자. 스승은 제자를 인도하는 선지식이지, 깨닫게 해줄 수는 없다. 당나라 때에 오설 영묵(五洩靈默, 747~818)은 과거시험을 보러 가는 길녘, 마조 선사가 머물고 있던 홍주 개원사를 찾아갔다. 오설이 마조와 마주 앉아 대화를 하는 중에 '과거시험 보러 가는 중'이라고 하자, 마조가 이렇게 말했다.

"그대(오설)는 가까운 곳을 놔두고 너무 멀리 가는군."

이 말 한마디에 오설은 출가를 한다. 그런데 며칠이 지나도 마조가 삭발시켜 주지 않자, 오설은 스승에게 삭발을 해달라고 조른다. 이때, 마조가 이런 말을 하였다.

"삭발을 해주는 것은 어려운 일이 아니네만, 자네의 일대사인연一大事因緣과는 별개의 문제이네."

곧 아무리 뛰어난 스승 옆에 있어도 해결해야 할 본분사는 본인이며, 출가했다고 금방 깨달아지는 것은 아니다. 누군가가 대신해 줄 수 없는 일이다. 수행이 아닌 사찰에서의 기도도 마찬가지다. 불자가 스님께 거액의 축원비를 주었다고 모든 일이 소원대로 되는 것이 아니다. 직접 독경을 하고, 정근을 하는 등 스스로의 신행과 정진이 중요하다. 석가모니 부처님께서는 열반할 때, 제자들에게 "사리를 섬기지도 말고, 모든 것이 무상하니, 각자 열심히 정진하라"고 당부하셨다. 또한 동산 양개(洞山良价, 807~869) 화상도 열반 직전 제자들에게 "절대로 밖을 향해서 찾지 말라. 밖에서 찾으려 하면 할수록 더욱 멀어질 뿐이다."라는 유훈을 남겼다.

두 번째로 깨달음에 있어 교법만을 추구해서는 안 된다는 점이다. 곧 실참이 반드시 필요하다. 필자도 황벽처럼 실참의 중요성이 지당하다고 보지만, 불교학도 절대 가벼이 여길 수는 없다. 이 점을 염두에 두고, 교선일치적인 면을 보기로 하자.

우리나라 불교는 대체로 원융사상을 지향하다 보니, 보조 지눌(1158~1210)의 선교일치 사상에 기울어져 있다. 「보조비」에 의하면, "사람들에게 송지頌持를 권함에는 『금강경』으로 하고, 입법연의立法演義에는 『육조단경』을 본의本意로 하였으며, 이통현의 『화엄론』과 『대혜어록』을 양 날개로 삼았다."는 부분이 있다. 지눌의 선사상

체계는 선을 바탕으로 화엄 사상을 흡수한 선교일치라고 볼 수 있다. 지눌은 평생 세 차례의 깨달음이 있었는데,[5] 2차 깨달음은 대장경을 열람하면서 깨달았다. 곧 지눌은 이통현 장자의 『신화엄경론』을 읽고 "세존이 입으로 설한 것이 교요, 조사가 마음에 전한 것이 선이다."라고 하면서 선교가 다르지 않음을 알고, 원돈圓頓의 이치에 환희심을 얻었다.

만공(1871~1946) 선사도 세 차례에 걸쳐 깨달음을 이루었다. 선사는 새벽에 종을 치면서, 염불하는 의식 중에 '응관법계성 일체유심조' 『화엄경』 구절에 이르러 '만법이 하나로 돌아가는데, 그 하나는 어디로 돌아가는가?(萬法歸一 一歸何處)'인 그 하나의 실체인 진여를 깨달았다. 고려 말 태고보우(1301~1382) 선사도 세 차례의 깨달음이 있었는데,[6] 2차 깨달음은 『원각경』을 읽는 중에 "일체가 다 사라져 버리면,

---

5 1차는 25세, 전남 창평 청원사에서 주지를 역임하며 『육조단경』「정혜품定慧品」을 읽는 중 "진여자성이 생각을 일으켜 6근이 비록 보고 듣고 깨닫고 알지만 어떤 경계에도 물들지 않고, 진성이 항상 자재하다."는 부분에서 홀연히 깨달았다. 2차 깨달음은 28세, 경북 예천 하가산 보문사에서 대장경을 열람하던 중에 이통현 장자의 『신화엄경론』을 읽고 "세존이 입으로 설한 것이 교요, 조사가 마음에 전한 것이 선이다."라고 하면서 선교가 다르지 않음을 알고, 원돈圓頓의 이치에 환희심을 얻었다. 3차는 41세 때 깨달음을 증득하였다. 지리산 상무주암에서 『대혜어록』의 "선은 고요한 곳에 있지 않고, 또한 시끄러운 곳에도 있지 아니하며, 일용응연처에도 있지 않고, 사랑분별하는 곳에도 있지 아니하다. 하지만 고요한 곳·시끄러운 곳·일용응연처·사량 분별하는 곳을 여의고 참구하는 것은 그릇된 일이다. 홀연히 눈이 열리면 집안의 일임을 알게 될 것이다."라는 부분에서 큰 깨달음을 얻었다.

6 19세부터 만법귀일萬法歸一 화두話頭를 혼자서 참구했고, 26세에 화엄선華嚴選에

그것을 부동不動이라고 한다."는 구절에서 모든 알음알이(知解)를
타파하였다. 물론 태고 보우는 교선일치보다는 간화선의 무자화두만
을 중시했던 분이다. 중국의 선사이자 경사經師인 규봉 종밀(圭峯宗密,
780~841)도 『원각경』과의 교선일치를 강조하였다.

이렇듯 선사들이 경전 구절에서 깨달음을 얻은 경우들이 있으므로
교학을 낮춰 보기만 해서는 안 될 것이다. 어리석은 필자가 황벽
어록을 해설하면서 어떤 것이 수승하고 어떤 것이 하열한가를 논하는
것은 그릇된 일이다. 이론적인 측면에서 역대 선사들의 기록을 옮겨오
는 것에 불과함을 고백한다.

"흙덩이를 쫓는 개"는 자신의 마음에서 해탈을 구하지 아니하고,
교학만을 추구하는 경우를 말한다. 『오등회원五燈會元』에 '한로축괴
韓獹逐塊 사자교인獅子咬人'이라는 말이 있다. 곧 누군가 흙덩이를
던지면, 한나라 개는 흙덩이를 쫓아가는 반면, 사자는 흙덩이 던진
사람을 무는 것을 말한다. 한로韓盧는 춘추전국시대 한韓나라의 노盧

합격하였다. 그 뒤 경전을 열람하면서 깊이 연구했으나, 경전은 방편일 뿐 참다운
수행이 되지 못함을 깨닫고 참선을 시작하였다. 보우는 33세 때인 1333년 가을에
성서 감로암에서 7일 동안 용맹정진에 들었다. 이때 푸른 옷을 입은 두 아이가
나타나서 더운 물을 권하였는데 받아서 마셨더니 감로수였으며, 그때 홀연히
깨친 바가 있었다. 이때 1차 깨달음을 경험한 것이다. 보우 37세 때인 1337년
가을에 불각사에서 『원각경』을 읽다가 "일체가 다 사라져 버리면, 그것을 부동不動
이라고 한다."는 구절에 이르러 모든 알음알이(知解)를 타파하였다. 바로 2차
깨달음인 것이다. 그 뒤 38세에 송도의 전단원에서 조주의 무자화두無字話頭를
참구하였다. 무자화두를 참구한 끝에 1338년 크게 깨달았다.

라는 유명한 개의 이름이다. 개를 보고 흙덩이를 던지면 그것을 쫓아가느라고, 던진 사람을 쫓는 것을 잊어버린다. 그처럼 말귀(言句)의 끝마디에 구애되어 그 참뜻을 잊어서는 안 된다.

18. 마음을 허공과 같이 하여 그 무엇에도 걸리지 마라

凡人多爲境礙心 事礙理 常欲逃境以安心 屛事以存理 不知乃是
心礙境 理礙事 但令心空境自空 但令理寂 事自寂 勿倒用心也
凡人多不肯空心 恐落於空 不知自心本空 愚人除事不除心 智者
除心不除事 菩薩心如虛空 一切俱捨 所作福德 皆不貪著

범부들은 경계가 마음을 장애하는데, 이는 현상이 본체를 장애하는
것이다. 그러니 경계로부터 도피하여 마음의 편안함을 구하고, 현상
을 버리고 본체에만 마음을 둔다. 이 마음(본체)이 경계(현상)를 장애
하고, 본체가 현상을 장애한다는 사실을 알지 못하는 것이다. 다만
마음을 공하게 한다면, 경계도 스스로 공해지고, 본체를 고요하게
한다면 현상도 스스로 고요해진다. 마음을 전도해 억지로 쓰지 마라.
범부들이 기꺼이 마음을 비우지 못하는 것은 공에 떨어질까 두려워서
이다. 스스로 마음이 본래 공이라는 것을 알지 못하는 것이다. 어리석

은 사람들은 현상만을 제거하고, 마음을 제거하지 못한다. 그러나 지혜로운 사람들은 마음을 제거하고, 현상을 제거하지 않는다. 보살은 마음을 허공과 같이 하여 일체를 모두 버려 자기가 지은 복덕에도 탐착하지 않는다.

---- ⊙⊗⊙ ----

"경계가 마음을 장애하는데, 이는 현상이 본체를 장애하는 것이다. …"는 본체(마음)와 현상(경계)의 관계를 말하고 있다. 여기서 본체는 '이理'를 말하고, 현상은 '사事'를 말한다. 이사理事 원리는 『화엄경』 4법계에서도 매우 중요시되는 진리이다. 일심一心을 기본으로 하여 이루어지는 법계를 네 가지 방식으로 나눈 것이 4법계이다.

간단히 보면, ①사법계事法界는 인연으로 있기도 하고 사라지기도 하는 차별의 현상계이다. ②이법계理法界는 우주만유의 본래 평등한 본체계로서 본질적인 측면이다. ③이사무애법계理事無碍法界는 차별의 현상(事)과 평등한 본체(理)가 서로 어우러져 있어 떨어질 수 없는 불가분의 관계를 말한다. 상대와 절대, 차별과 평등, 이와 사가 원융무애한 법계이다. ④ 사사무애법계事事無碍法界란 이와 사가 무애한 것처럼 사와 사가 무애한 것을 말한다. 일체현상이 다 본체계에 상즉하는 것이라고 한다면 그 현상들 각각이 서로 서로 상즉상입하는 것이다.

또한 조동종에서 본체와 현상을 다섯 단계로 나눈 조동오위曹洞五位가 있다. 이 조동오위는 정正과 편偏으로 구축되는데, '정'은 본체(理; 体)이며 보편적인 세계이고, '편'은 현상 세계(事; 用)이며 차별적인 세계를 말한다. ①정중편正中偏은 본체(진여)가 있음을 인정하지만, 사물(현상; 용)이 본체로부터 파생한 것임을 알지 못하는 상태이다. ②편중정偏中正은 모든 현상이 환영이고 환상이라는 것을 알지만, 한 발짝 더 나아가 현상을 통해 본체를 통찰하지 못하는 상태이다. ③정중래正中來는 본체를 시인하고 체體로부터 용用에 이르려는 노력이다. 즉 체용일여體用一如의 원리를 깨닫기 시작하는 단계이다. ④편중지偏中至는 일체의 모든 것이 환영이며 헛것임을 깨닫고 더 나아가 현상을 통해 정신적 본체를 보는 단계이다. ⑤겸중도兼中到는 본체와 현상의 관계가 완전히 일치된 경지이다. 즉 현상과 본체의 분별이 사라진, 인간 존재의 본질인 원래의 '마음자리'인 것이다. 이 조동오위에서 마지막인 본체와 현상의 일치된 경지를 최고의 경지(兼中到)로 보았다.

조동종 2세인 조산 본적(曹山本寂, 840~901)이 스승 동산 양개(洞山良价, 807~869)에게서 법을 받고 몇 년을 스승과 함께 지냈다. 어느 날 본적이 떠나려고 하면서 스승에게 인사를 하니, 동산이 물었다.

"어디로 가려는가?"

"변함이 없는 곳으로 가렵니다."

"변함이 없다면 가는 물건이 있는가?"

"가더라도 변하지는 않습니다."

스승과 제자 간의 법거량도 현상과 본체의 작용이 엿보인다. 현상적으로 몸이 움직여 물리적 이동을 하지만, 본체는 변함없이 고정된 불변의 모습임을 드러내고 있다. 곧 현상은 본체를 여의지 않음이요, 본체 역시 현상을 의지해 드러난다.

본체와 현상 문제는 황벽이 속해 있는 홍주종을 비판한 규봉 종밀의 사상에도 드러나 있다. 곧 본체와 작용의 문제인데, 종밀은 "홍주종 사상이 작용에 기울어 있다."고 비판하였다. 종밀은 "홍주종에서는 우리들이 말하고 행동하며 생각하는 모든 행위, 즉 현상면이 다 불성의 전체작용全體作用이라고 한다."고 주장하고 있다. 그러면서 종밀은 "홍주종은 불성의 작용만을 보고, 본체를 보지 못하는 오류를 범하고 있다."고 비판하였다. 즉 물은 배를 띄워 강을 건너게 해주기도 하지만 배를 뒤집어엎어 파괴해 버리는 좋지 않은 작용도 있다. 또한 파도가 치고 물결을 이루는 등 계속 움직이고 있는 작용의 물만 있다고 하지, 늘 변하지 않는 본체로서의 습성濕性이 있다는 사실을 모르는 것과 같다고 홍주종을 비판하였다. 그러면서 종밀은 자신이 속한 하택종의 사상에서 '지지일자知之一字 중묘지문衆妙之門'이라는 본체를 주장하였다. 종밀이 말하는 '지知'는 모든 행위인 견문각지見聞覺知의 '지'가 아니라 그것의 근저에 있어서 견문각지를 견문각지답게 하는 원리적인 본체(本性·佛性)를 의미한다.

황벽이 속한 홍주종에서는 본성(本性; 佛性·自性)이 보고 듣고 말하며 행동하는 현상적인 면을 조절하는 본체에 머물지도 않고, 그 현상적인 행위 자체에도 머물지 않는 자유로운 행위(無住心, 無心)에 있다. 곧 황벽은 행위가 본체요 본체가 행위인, '본체적 현상'이요 '현상 즉 본체'인 경지이다(作用卽性). 그래서 억지로 마음을 전도시키지 말라고 하는 것이다.

여기에서 황벽은, 범부는 밖으로 드러난 현상에만 집착하고 성인은 본체에 집착하지만, 보살은 마음을 허공과 같이 해서 그 어떤 것에도 집착하지 않는 자유로운 경지에 머물러 있음을 설하고 있다. 곧 황벽은 집착하지 않는 무심과 걸림 없는 무애의 경지를 최고의 이상적인 경지라고 하였다.

19. 과거·현재·미래 어느 시점에도
머물거나 속박되지 말라

然捨有三等 內外身心 一切俱捨 猶如虛空 無所取著 然後隨方應
物 能所皆忘 是爲大捨 若一邊行道布德 一邊旋捨 無希望心 是爲
中捨 若廣修衆善 有所希望 聞法知空 遂乃不著 是爲小捨 大捨如
火燭在前 更無迷悟 中捨如火燭在傍 或明或暗 小捨如火燭在後
不見坑井 故菩薩心如虛空 一切俱捨 過去心不可得 是過去捨
現在心不可得 是現在捨 未來心不可得 是未來捨 所謂三世俱捨

보살은 마음을 허공과 같이 하여 일체를 모두 버려 자기가 지은 복덕에
도 탐착하지 않는다. 버림에도 세 단계가 있다. 안팎의 몸과 마음
일체를 모두 버려 마치 허공과 같이 집착하는 바가 없어야 한다.
그런 연후에 방소에 따라 세간(物)에 응해서 주관과 객관을 모두
잊는 것이다. 이것이 크게 버림(大捨)이다. 혹은 한편으로 치우쳐
도를 닦고 덕을 베풀며, 한편으로는 공덕을 모두 버리고 바라는 마음이

없는 것이다. 이것이 중간의 버림(中捨)이다. 혹은 두루두루 뭇 수행을 하고, 바라는 바가 있으며, 법을 청문해 공을 알아서 마침내 집착하지 않는 것을 작은 버림(小捨)이라고 한다. 큰 버림은 불빛이 바로 앞에 놓여 있는 것과 같아서 다시 미혹되거나 깨달을 것도 없다. 중간 버림은 불빛이 옆에 놓여 있는 것과 같아서 혹은 밝기도 하고 어둡기도 하다. 작은 버림은 불빛이 뒤에 놓여 있는 것과 같아서 구덩이가 있는 것을 보지 못한다. 그러므로 보살은 마음을 허공과 같이 하여 일체를 다 버려야 한다. 과거 마음에 집착하지 않는 것을 '과거를 버린 것'이라고 하고, 현재 마음에도 집착하지 않는 것을 '현재를 버린 것'이라고 하며, 미래 마음에 집착하지 않는 것을 '미래를 버린 것'이라고 한다. 이것을 일러 '삼세를 모두 버림'이라고 한다.

---- ⊙⊗⊙ ----

규봉 종밀(780~841)이 홍주종을 비판한 것과는 다르게 황벽은 본체와 현상이 곧 하나임을 강조하고 있다. 어떤 본체의 작용에서도 자주성, 즉 보고 듣고 말하고 생각하되 결코 그 행위에 머물지 않는 무심無心·무집착심無執着心·무주심無住心을 기본으로 한다. 『금강경』의 무주상無住相과 같은 의미로 볼 수 있다.

　황벽은 마음을 허공과 같이 하여 자기가 지은 복덕에도 집착하지 말 것을 강조하고 있다. 그러면서 마음의 버림을 세 종류로 내세웠다.

　먼저, "큰 버림(大捨)"은 주관과 객관, 곧 내견內見과 외견外見 모두에 갖춰져 있는 것을 말한다. 자신 내부에서도 집착하거나 갈망하지 않고, 자신을 둘러싼 세계에도 집착하지 않는 것을 가장 큰 버림이라고 하였다. 둘째, "중간 버림(中捨)"은 수행을 잘하고 덕을 베풀며, 한편으로는 공덕을 버리고 보상을 바라지 않는 것을 말한다. 셋째, "작은 버림(小捨)"은 수행해 법을 들으며 공을 아는 것을 말한다.

황벽이 말하는 가장 이상적인 버림은 아공과 법공이 갖춰지고, 어떤 집착도 없는 무심이다. 몇 번이고 거듭되지만, 무심·무주심은 황벽 어록의 주제이기도 하다. 그래서 자주 언급되는 단어일 수밖에 없다. 여기서 한 발 더 나아가 황벽은 시간적인 개념, 즉 과거·미래·현재 삼세에 걸림 없이 무심하라고 강조한다. 삼세는 삼제三際(前際·中際·後際, 혹은 已·今·當)라고도 한다.

"삼세"에 대해서는『금강경』에서 "과거 마음도 얻을 수 없고, 현재 마음도 얻을 수 없으며, 미래 마음도 얻을 수 없다."라는 부분과 연관해 생각해보자. 이 부분과 관련해 회자되는 선사가『금강경』의 대가라고 불리는 당대唐代의 덕산 선감(782~865)이다.

덕산은 선종의 5가 7종 가운데 운문종과 법안종 법맥에서 중요한 위치를 점하는 인물이다. 덕산은 출가 이후 율장律藏을 정밀하게 연구했으며, 항상『금강경』을 강의하여 사람들로부터 '주금강周金剛'이라고 칭송될 정도였다. 덕산은 당시 북방 지역에 머물렀는데, 남방의 선사들이 불립문자不立文字·견성성불見性成佛을 내세우며 문자(경전)를 부정하는 것에 반감을 갖기 시작하였다. 마침내 덕산이 그들을 만나 담판을 지으려고 길을 떠났다. 덕산이 용담 숭신(782~865)의 절 앞에 당도해 마침 배가 고프던 차에 떡장수 노파에게서 이런 질문을 받는다. "『금강경』에 과거 마음도 얻을 수 없고, 현재 마음도 얻을 수 없으며, 미래의 마음도 얻을 수 없다고 했는데, 스님께서는 어느 마음에다 점을 찍겠습니까?"[7] 덕산은 노파의 질문에 답을 하지 못하였다.

과거·현재·미래는 시간을 의미하는 것이 아니라 과거·현재·미래 중 어느 지점의 '생각'이라고 봐야 한다. 시간은 순간순간 찰나의 연결점이요, 점선 점선으로 연결지어 있는 것을 중생들은 하나의 연결점이라고 생각한다. 한 찰나에 머물러 현재 마음이라고 하지만, 이 또한 과거 마음이 되어 버린다. 곧 잠시도 머물러 있지 않기 때문에 어느 한 시점의 마음도 참 마음이라고 할 수 없다. 곧 '마음'도 시간적인 개체가 없음이요, 공간적으로도 고정된 실체의 마음이 존재하지 않는다.

이미 일어난 과거 생각에 머물지 말고, 당연히 미래에 일어날 생각도 내지 않아야 한다. 곧 이미 일어난 생각에 머물러 있지 않으면 미래로 번뇌가 연결되지 않기 때문이다. 대만의 성엄(聖嚴, 1930~2009) 선사는 "앞 생각이 사라지고, 나중의 한 생각이 아직 일어나지 않았다면, 바로 무념無念, 혹은 무심無心이다. 무념 상태에는 번뇌도 없고, 깨달음도 없으며, 부처도 없다. 우리가 번뇌가 있거나 깨달음을 구하고 있을 때는 생각이 일어난 것이다. 무념, 무심이 바로 깨달음이다."라고 하였다.[8] 곧 어느 시점에 머물러 번뇌가 일어나지 않아야 한다. 이것이 곧 무심이다. 황벽은 바로 시간에도 구애되거나 속박되지 않는 무심을

---

7 점심點心; '마음에 점을 찍다'는 점심은 우리나라에서는 정오에 식사하는 것을 뜻한다. 그런데 중국에서는 점심이 배가 고플 때 잠시 시장기를 달래기 위해 먹는 '간식'을 뜻한다. 점심이라는 뜻에 있어 중국과 한국의 쓰임이 다르다.
8 聖嚴, 대성 옮김, 『마음의 노래』, 탐구사, 2008, p.86

크게 버린 것이라고 하였다.

"다시 미혹되거나 깨달을 것도 없다."고 하는 것은 본래성불本來成佛과 본각本覺 사상에 입각해 있기 때문에 다시 미혹된다거나 깨달을 것조차 없는 것을 말한다.

20. 법을 설한 자도 없고, 들은 자도 없으며, 증득한 자도 없다

自如來付法迦葉已來 以心印心 心心不異 印著空 卽印不成文
印著物 卽印不成法 故以心印心 心心不異 能印所印 俱難契會
故得者少 然心卽無心 得卽無得 佛有三身 法身說自性虛通法
報身說一切淸淨法 化身說六度萬行法 法身說法 不可以言語音
聲形相文字而求 無所說 無所證 自性虛通而已 故曰 無法可說是
名說法 報身化身 皆隨機感現 所說法亦隨事應根 以爲攝化 皆非
眞法 故曰 報化非眞佛 亦非說法者

여래로부터 가섭에게 법이 전해진 이래, 마음에서 마음으로 전했는
데. 이는 마음과 마음이 서로 다르지 아니하다. 허공에 도장을 찍은즉
어떤 무늬도 생기지 않는다. 물건에 도장을 찍는다고 해도 찍혀지지
않는다. 그러므로 마음에서 마음으로 새기나니, 마음과 마음이 다르

지 아니하다. 직접 찍는 것과 찍히는 것이 계합하기 어려워 (심인을) 얻는 자가 매우 드물다. 그러니 마음을 곧 마음이라고 할 수 없음이요, 얼음도 곧 얼음이라고 할 수 없다.

부처에게 삼신이 있다. 법신은 자성이 허통한 법을 설함이요, 보신은 일체 청정법을 설함이요, 화신은 6도만행법을 설한다. 법신의 설법은 언어·음성·형상의 문자로서 구할 수 없으며, 설한 바 없이 설하고, 증득한 바 없이 증득해 자성이 허통할 뿐이다. 그러므로 『금강경』에서 "설할 것조차 없는 법을 이름하여 단지 설법이라고 한다."라고 하였다. 보신과 화신은 근기에 따라 감응해 나타나므로 설법도 현상에 따르며, 근기에 응하기 때문에 모두 참다운 법이 아니다. 그러므로 '보신과 화신은 참 부처가 아니요, 또한 설법자가 아니다.'라고 하셨다.

—— ◦৪৯ ——

"마음을 곧 마음이라고 할 수 없음이요, 얼음도 곧 얼음이라고 할 수 없다."는 내용을 보자. 법은 마음에서 마음으로 전한다. 하지만 전함에는 어떤 형체가 있어서 전하는 것도 아니요, 받는 자도 어떤 형체를 받는 것이 아니다. 마음도 '마음'이라고 이름 붙였을 뿐, '마음' 이라는 단어에 아무런 의미가 없다. 딱히 붙일 것이 없어 '마음'이라고 부른 것뿐이다. 그래서 전한다고 했지만 전한 것이 없음이요, 얻었다고 해도 얻은 것이 없다.

"부처에게 삼신이 있다. …" 부분을 보자. 삼신설에도 다양한 사상과 내용이 있는데, 보편적으로 법신法身·보신報身·화신化身을 말한다. 법신은 진리(법)를 인격화한 진리의 부처이다. 대승불교 사상에서는 우주에 충만되어 있는 법(진리)을 인격화하고, 진리 체현자體現者로서의 이상적인 불신佛身을 법신이라고 한다. 이 법신은 수행의 결과로서 실현되는 부처가 아니라 일찍이 본래부터 존재하고 있음을 말한다. 보신은 바라밀 수행을 통해서 완성되었거나 과보로 얻은 원만한 부처를 말한다. 보신불로는 아미타불이나 약사여래 등이다. 화신은 응신應身이라고도 하는데, 교화의 대상에 따라 그에 상응해서 변화해 나타난다. 곧 중생을 구제하기 위해 상대방에 따라 출현하는 부처로서 32상과 80종호를 갖춘 석가모니 부처님을 말한다. 우리나라에서는 청정법신 비로자나불, 원만보신圓滿報身 노사나불, 천백억화신千百億化身 석가모니불을 봉안하고, 염불할 때도 늘 이렇게 염한다. 법신·보신·화신, 삼신이 일체인 것이요, 각각 존재할 수 없다. 법신이 있기 때문에 보신과 화신이 존재할 수 있음이요, 보신과 화신을 통해 근원처인 법신을 알 수 있다. 삼신일체이지만, 『전심법요』에서는 법신에 중점을 두고 있다.

　법신이란 어떤 형상이나 문자로써 구할 수 없으며, 설했다는 설자說者도 없고, 법을 들었다는 문자聞者도 없다. 곧 설한 자도 없고 들은 자도 없는 청정 본연의 참된 자성이다. 황벽은 설할 것조차 없는 법을 '설법'이라고 하였다. 도교에서도 '도가 언어로써 표현될 수 있다면, 그것은 이미 도가 아니다'라고 하였다. 『금강경』 7품이 무득무설분無得無說分이다. 설한 자도 없고, 들은 자도 없으니 당연히 무엇을 증득한 자도 없는 것이다. 『능가경』에서는 "내가 어느 날 밤 최정각을 얻고 나서 그 후 반열반般涅槃에 들 때까지 그 중간에 한 자도 설하지 않았으며, 또한 이전에 말한 것도 없고, 앞으로도 설할 것이 없다."라고 하였다. 이렇게 부처님께서 한 글자도 설하지 않았다고 하지만, 8만4천 법문이 존재하고 있다. 부처님께서는 중생이 어리석고 탐욕심에 가득 차 있기 때문에 방편으로 설할 수밖에 없었다. 방편으로 설해진 진리는 하나의 방편에 불과하고, 깨달음을 얻었다면 그 방편은 쓸모가 없으므로 당연히 버려야 한다. 그래서 『열반경』에서 '달을 가리키는 손가락을 보지 말고 달을 보라'고 하였고, 『금강경』에서는 '강물을 건넌 뒤에는 뗏목을 버리라'고 하였다. 선사들도 한결같이 '나의 말을 기록하지 말라'고 하였다.

황벽의 설법으로 돌아와 정리하면, 모든 중생에게 구족되어 있는 청정한 법신(법성·불성)은 석가모니 부처님의 출현 여부에 상관없이 시방삼세 법계에 존재한다. 누구나 부처의 성품을 구족하고 있기 때문이다. 이런 내용을 함축적으로 내포하고 있는 본보기가 『법화경』의 상불경常不輕보살 이야기다.

상불경보살은 어느 누구를 만나든 간에 예를 갖추고 이렇게 말하였다.
"나는 그대를 가볍게 여기지 않습니다. 그대는 반드시 부처님이 되실 것이기 때문입니다."

21. 일승진법과 중생의 근기

🦋

所言同是一精明 分爲六和合 一精明者一心也 六和合者六根也
此六根各與塵合 眼與色合 耳與聲合 鼻與香合 舌與味合 身與觸
合 意與法合 中間生六識 爲十八界 若了十八界無所有 束六和合
爲一精明 一精明者卽心也 學道人皆知此 但不能免作一精明六
和合解 遂被法縛 不契本心 如來現世 欲說一乘眞法 則衆生不信
興謗沒於苦海 若都不說 則墮慳貪 不爲衆生溥捨妙道 遂設方便
說有三乘 乘有大小 得有淺深 皆非本法 故云 唯有一乘道 餘二則
非眞 然終未能 顯一心法 故召迦葉同法座 別付一心離言說法
此一枝法令別行 若能契悟者 便至佛地矣

이른바 정미롭고 밝음(一精明)이 나누어져 6화합이 된다고 하였다.
일정명이란 일심이요, 6화합이란 6근을 말한다. 6근은 각기 6진과
더불어 계합한다. 눈은 색과 계합하고, 귀는 소리와 계합하며, 혀는

맛과 계합하고, 몸은 촉과 계합하며, 뜻은 법과 계합한다. 중간에
6식이 생겨서 18계가 된다(6근+6경+6식→18계). 만약 18계가 없음
을 요달한다면, 6화합이 묶여져 일정명一精明으로 된다. 일정명은
곧 마음이다. 도를 배우는 사람들이 이와 같은 줄을 알면서도 6화합과
일정명의 알음알이에서 벗어나지 못하고 있다. 결국 법에 속박되어
본래의 마음에 계합하지 못하고 있다. 여래께서 세상에 출현하여
일승진법을 설하지만, 곧 중생들이 믿지 아니하고 비방하며, 고해에
빠진다. 혹 (여래가) 설하지 않는다면, 곧 간탐에 떨어져 있어 중생을
위하는 것이 아니다. 그래서 (여래는) 널리 묘법을 베풀어 방편을
시설해 삼승을 설하였다. 승乘에 크고 적음이 있다든가, 득得에 깊고
얕음이 있다고 하는 것은 모두 본래의 법이 아니다. 그러므로 오직
일승도만 있음이요, 나머지 이승은 곧 참된 법이 아니다. 그러나
(여래께서) 일심법을 나타내지 못하여 가섭을 불러 법좌에 함께 해서
특별히 (언설을 여읜) 일심을 부촉하였다. 지금 이 한 가지 법이
별도로 행해지고 있다. 만약 계합하여 깨닫는다면, 곧바로 부처의
경지에 이를 것이다.

—— ❦ ——

"만약 18계가 없음을 요달한다면…"는 18계(6근+6경+6식)가 공空임
을 체득하는 것을 말한다. 곧 공임을 체득한다면 6근(육화합)이 밝음으
로 응집되는데, 그 응집된 밝음이 마음(일심)이라는 뜻이다. 이 부분을
이해하기 쉽게 설한 태국 아짠차(Ajahn Chan, 1918~1991) 선사의
법문을 소개한다. "올바르게 내관內觀한다면, 우리가 대상을 볼 때

그 대상은 존재하지 않습니다. 소리를 들을 때도 그 소리는 존재하지 않습니다. 냄새를 맡을 때도 냄새가 존재하지 않는다고 할 수 있습니다. 모든 감각 기관들을 분명히 느낄 수 있지만, 그것들 모두는 지속되지 않고 비어 있는 것입니다. 단지 일어났다 사라지는 감각들일 뿐입니다." 제법의 실상을 있는 그대로 보아 무상·무아·고임을 체득할 때 지혜를 얻는다. 대승불교적인 의미로 볼 때, 여실하게 실상을 아는 그 자리가 바로 깨달음의 이치인 것이다.

"여래께서 세상에 출현하여 일승진법을~ 고해에 빠진다."에서 일승진법一乘眞法을 보리 달마의 이론에 비추어 보면 이러하다. 달마는 도에 들어가는 요문으로 이론적인 진리(理入)를 이렇게 설하였다. "이입이란 경전에 의해서 도의 근본정신을 깨닫고 범부와 성인이 모두가 동일한 진성眞性을 가지고 있다고 깊이 믿는 것이다. … 스스로 마음을 관觀하여 자신과 상대가 둘이 아님을 깨달으면 범부와 성인이 하나로 평등해진다." 곧 일승진법은 모든 중생이 깨달을 수 있는 성품을 갖고 있는 본래성불된 본각을 말한다. 이 내용은 앞에서도 몇 번 언급했던 내용이다.

이렇게 중생과 부처가 동일한 진성인 일승진법을 굳게 심신深信해야 한다. 굳게 믿어 수행하는 이론은 훗날 간화선에서 주장하는 3대 요소(大信根·大憤志·大疑情) 가운데 하나인 대신근에 해당한다. 모든 중생은 부처와 똑같은 성품을 가지고 있는데, 중생들은 '자신이 하열하다며 뛰어난 근기가 있음'을 믿지 않는다. 그래서 부처 입장에서 어리석은 중생을 가르쳐야 한다. 부처가 중생을 가르치지 않는다면 부처가 자신 혼자만의 해탈미에 탐착하는 것이요, 부처도 간탐에 떨어진 것이다. 『유마경』「문수사리문질품」에서도 "선미禪味에 탐착하는 것은 보살의 속박이요, 방편으로 살아가는 것은 보살의 해탈이다."라고 하였다. 곧 정각을 얻었다면, 돌이켜 중생에게 회향하는 보살 정신이 강조되어 있다.

"널리 묘법을 베풀어 방편을 시설해 삼승을 설하였다." 이하를 보자. 불교는 역사적으로 다양한 수행법이 전개되었다. 참선이든 염불이든 간경이든 주력이든, 그 어떤 수행법이든 전미개오轉迷開悟·이고득락 離苦得樂을 위한 평등한 방편설이다.

　『금강경』에서는 "이 법은 평등해서 높고 낮음이 없다(是法平等無有高下)."라고 하였고, "최고의 진리라고 하는 것도 정해진 법이 없다(無有定法 名阿耨多羅三藐三菩提)."라고 하였다. 또한 『능엄경』에서는 "근원으로 돌아가는 성품은 두 길이 없으나 방편 따라 가는 길에는 여러 문이 있다(歸元性無二 方便有多門)."라고 하였다. 곧 해탈경지라는 목적지는 똑같지만, 그곳에 이르는 수행방법상에서는 우열을 가릴 수 없음을 시사한다.

　무엇보다도 중생의 근기가 다양하므로 부처는 중생의 입장을 고려해 근기에 맞춰 방편을 시설한 것이다. 이 점을 『법화경』에서는 "제불이 방편력으로 일불승에서 분별해 삼승을 설하였다(諸佛 以方便力 於一佛乘 分別說三)."라고 하였다. 곧 경에서 부처님 방편력으로 삼승의 가르침을 보였다. 중생이 간 데마다 집착하기 때문에 이끌어서 나오도록 한 것이요, … 시방불토 중에는 오직 일승법만 있을 뿐이요,

이승도 없고 삼승도 없다고 하였다(佛以方便力 示以三乘教 衆生處處著 引之令得出 … 十方佛土中 唯有一乘法 無二亦無三). 깨달음의 길은 여러 갈래이지만 그 길들은 방편일 뿐이요, 목표는 부처가 되는 일승진실을 드러낸다. 법(진리)에 문제가 있는 것이 아니라 중생의 근기가 문제인 것이다.

22. 허공이 무심한 것처럼, 알음알이를
내지 마라

問 如何是道 如何修行 師云 道是何物 汝欲修行 問 諸方宗師相承
參禪學道 如何 師云 引接鈍根人語 未可依憑 云 此旣是引接鈍根
人語 未審接上根人 復說何法 師云 若是上根人 何處更就人覓他
自己尙不可得 何況更別有法當情 不見敎中云 法法何狀 云 若如
此 則都不要求覓也 師云 若與麼 則省心力 云 如是則渾成斷絕
不可是無也 師云 阿誰敎他無 他是阿誰 你擬覓他 云 旣不許覓
何故又言莫斷他 師云 若不覓便休 卽誰敎你斷 你見目前虛空
作麼生斷他 云 此法可得便同虛空否 師云 虛空早晩向你道有同
有異 我暫如此說 你便向者裏生解 云 應是不與人生解耶 師云
我不曾障你 要且解屬於情 情生則智隔 云 向者裏莫生情是否
師云 若不生情 阿誰道是

배휴가 물었다. "어떤 것이 도이며, 어떻게 수행해야 합니까?"

선사께서 말씀하셨다. "도가 어떤 물건이기에 그대가 수행하려고 하는가?"

배휴가 물었다. "그렇다면 제방의 종사들이 서로 전하며 참선해 도를 닦는 것은 무엇 때문입니까?"

선사께서 답하셨다. "그것은 둔근기 사람들을 이끌기 위해 말한 것이다. 굳이 의지할 필요는 없다."

배휴가 물었다. "둔근기를 이끌기 위해 말씀하신 거라면, 그러면 상근기 사람들을 이끌기 위해서는 어떤 법을 설하십니까?"

선사가 말했다. "만약 상근기라면 어찌 다른 곳에서 찾으며, 자기도 오히려 얻을 수 없거늘 어찌 하물며 특별히 합당한 뜻이 있겠는가? 경에서 '법이라고 하지만, 그 법이 어떤 모양인가?'라는 내용을 그대는 보지 못했는가?"

배휴가 물었다. "만약 이러하다면 불법을 구하고 찾을 필요가 없지 않습니까?"

선사가 말했다. "그러하다면, 수행하는 공력을 들이지 않아도 되겠지."

배휴가 말했다. "그렇다면 모든 가르침이 뒤섞이고, 단절되어 없다고 해야 하지 않을까요?"

선사가 말했다. "누가 그것을 없다고 했으며, 그것이 무엇이기에 그대는 찾으려고 하는가?"

배휴가 물었다. "선사께서 이미 그것을 찾으라고도 하지 않으시면서 무슨 뜻으로 그것을 단절시키지도 말라고 하십니까?"

선사가 말했다. "만약 찾을 것이 없다면, 곧 쉼이다. 그러니 누가 그대에게 그것을 단절하라고 가르치는가? 그대는 허공을 보라. 어떻게 허공을 끊을 수 있겠는가?"

배휴가 말했다. "이 법이 저 허공과 같은 것입니까?"

선사가 말했다. "저 허공이 그대에게 도와 같다거나 다르다거나 한 적이 있는가? 내가 잠깐 이렇게 말하니, 그대가 또 알음알이를 내고 있군."

배휴가 물었다. "응당히 다른 사람에게 알음알이를 내지 않도록 해야 합니까?"

선사가 말했다. "나는 그대를 막지 않았다. 또한 알음알이는 의식에 속하는 것으로, 의식이 생겨나면 지혜가 막히는 법이다."

배휴가 물었다. "그렇다면 의식을 일으키지 않아야 합니까?"

선사가 말했다. "만약 의식을 일으키지 않는다면 누가 옳다고 말하겠는가?"

—— ◌◌◌ ——

"근기根機"는 식물의 자양분적 요소에서 유래되었다. 곧 식물의 뿌리가 가지·줄기·꽃·잎 등을 생성시켜 그 식물을 자라게 하듯이, 사람도 능력에 따라 공부 향상이 다르다. 오래전부터 수행자를 상근기·중근기·하근기(둔근기)로 나누고, 특히 간화선 수행자를 '상근기 수행자'라고 하였다. 당연히 교학하는 승려를 중근기, 사판승을 하근기로 보았다. 그런데 요즘에는 승려들의 근기 나눔을 정설로 받아들이지 않는다. 포교에 매진하는 스님(하근기라고 했던 사판)을 존경스럽게 여겨 상근기라고 할 정도이다. 어록이나 경전 내용을 부정해서는 안 되지만, 이런 잣대로 승려의 근기를 논할 필요는 없다고 본다.

여기에서는 언어로 교학을 설명하는 것은 근기를 위한 것이라고 하면서, 상근기에게는 어떤 부연설명이나 말과 언어가 필요치 않다고 설명하고 있다. 상근기는 다른 곳에서 도를 구하거나 다른 사람에게서 찾을 필요조차 없다는 것이다. 곧 자신에게 구족되어 있음을 잘 알고 부처로 살아가고 있기 때문이다. 이 점은 앞에서 여러 번 언급한 본각·본래성불의 측면에서 볼 수 있다. 황벽의 『전심법요』가 조사선 사상의 정점에 해당할 만큼 뛰어난 어록인 것만은 분명하다.

조사선 사상 자체가 본래 구족되어 있는 본각에 입각해 있다. 오직 평상의 일상생활 그대로가 부처의 행으로 살아가고 있는 것이다. 그래서 『유마경』에서 "법을 구하는 사람은 무언가 구하는 것이 있어서는 안 된다(若求法者 於一切法 應無所求)."고 했던 것이다. 마조(馬祖, 709~788)도 "무릇 법을 구하는 이는 구하는 것이 있어서는 안 된다. 마음 밖에 부처가 따로 있지 않으며, 부처를 떠나 마음이 따로 있는 것이 아니다."라고 하였다.

"알음알이는 의식에 속하는 것"이라고 했는데, 알음알이도 다양하게 해석된다. 정식情識·뜻·의식 등 '생각으로 분별해 아는 것'을 말한다. 대승불교의 깨달음은 직관直觀인데, 불각不覺의 상태에서 생각을 통해서 의미로 이해하는 것이 알음알이다. 유식에서는 7식을 망상을 일으키는 분별식이라고 한다. 그래서 선사들은 참선자들에게 책을 보지 말라고 누누이 강조했는데, 바로 실참을 통해 깨달아야지, 알음알이를 일으키지 말라는 뜻이다.

　사찰 입구에 '입차문래 막존지해(入此門內 莫存知解)'라는 문구가 많이 있다. 이 문 안에 들어와서는 알음알이를 내지 말라는 뜻이다. 꼭 수행자만이 아니라 불자든 비불자든 간에 사찰 문 안에 들어와서는 적어도 마음만큼은 요리조리 망상 일으키지 말고 마음을 비우라는 뜻이다. 절에 들어와서는 자신이 지금까지 쌓아온 지식이든 육안으로 보았던 것이든, 귀로 들은 그 어떤 것도 모두 내려놓고 마음을 비워야 한다. 근자에는 매년 '멍 때리기' 대회가 열린다고 한다. 마음과 뇌를 쉬면서 아무것도 하지 않을 때, 새로운 힘을 얻는다. 미국의 스티브 잡스(Steve Jobs, 1955~2011)도 명상을 통해 창조적인 아이디어를 많이 얻었다고 한다. 마음과 뇌를 쉬게 하자. 새로운 인생과 삶이 전개될지도 모른다.

23. 도는 방소가 없거늘 어디에 마음이 있는가?

問 纔向和尙處發言 爲甚麼便道話墮 師云 汝自是不解語 人有甚
麼墮負 問 向來如許多言說 皆是抵敵語 都未曾有實法指示於人
師云 實法無顚倒 汝今問處自生顚倒 覓甚麼實法 云 旣是問處自
生顚倒 和尙答處如何 師云 你且將物照面看[9] 莫管他人 又云 祇
如箇癡狗相似 見物動處便吠 風吹草木也不別 又云 我此禪宗
從上相承已來 不曾敎人求知求解 只云學道 早是接引之詞 然道
亦不可學 情存學解 卻成迷道 道無方所 名大乘心 此心不在內外
中間 實無方所 第一不得作知解 只是說汝如今情量盡處爲道 情
量若盡 心無方所 此道天眞 本無名字 只爲世人不識 迷在情中
所以諸佛出來 說破此事

---

9 조면照面은 하나의 현상이 거울과 수면에 투영되어 동시 반사되는 것을 말한다.

배휴가 물었다. "화상께서는 말씀하실 때마다 왜 '문득 말의 언구에 떨어진다.'고 하십니까?"

선사가 답하였다. "그대가 말을 잘 이해하지 못하거늘 어디에 떨어질 곳이 있는가?"

배휴가 물었다. "지금까지 여러 가지 말씀하신 것은 다 가르치기 위한 방편설일 뿐 사람들에게 진실한 법을 제시하지 않은 겁니까?"

선사가 말했다. "진실한 법이란 전도됨이 없는 것이다. 그대가 지금 질문하는 자체가 전도되어 있다. 무슨 진실한 법을 찾는가?"

배휴가 물었다. "이미 저의 질문이 전도된 것이라고 한다면, 화상의 답은 어떤 것입니까?"

선사가 답하였다. "그대는 어떤 물체를 통해 자신을 비춰봐야지 다른 사람과는 상관할 바가 아니다."

또 다시 선사께서 말씀하셨다. "다만 한낱 어리석은 개와 비슷해 물건이 움직이는 것을 보고 짖어대니, 바람에 흔들리는 초목과 다를 것이 없다. 우리 선종에서는 일찍이 법이 전해진 이래 사람들에게 알음알이 구하는 것을 가르치지 않았다. 단지 도를 배우라고 하였는데, 이 또한 오래전부터 사람들을 (깨달음으로) 이끌기 위해 말한 것이다. 실은 '도'라는 것은 배울 것이 없다. 뜻을 두어 알음알이를 배운다면 오히려 도의 미혹에 떨어진다. 도에 어떤 방소가 없기 때문에 대승심이라고 이름한다. 이 마음은 안에 있지도 않고, 밖에 있지도 않으며, 중간에 있는 것도 아니다. 진실로 방소가 없다. 제일 중시할 점은 알음알이를 내지 말아야 한다. 단지 그대에게 뜻으로 말한 것은, 뜻이 다한 곳이 바로 '도의 자리'라는 것을 말하기 위해서다. 만약

알음알이가 다한다면, 마음에 방소가 없을 것이다. 이 도는 매우
천진해서 본래 이름도 없다. 다만 세상 사람들이 알지 못하고 미혹해서
뜻 가운데 머물러 있는 것이다. 그래서 제불이 세상에 출현해 법을
설한 것이다."

—— ◁◈▷ ——

"전도顚倒"란 거꾸러졌다는 뜻으로 그릇되거나 잘못된 것을 말한다.
청정하지 못한 마음을 말할 때도 '전도심'이라고 한다. 규봉 종밀(圭峰
宗密, 780~841)은 『금강경오가해』에서 청정심과 같은 의미로 '부전도
심不顚倒心'이라는 용어를 사용하였다. 그러니 여기에서 "진실한 법이
란 전도됨이 없는 것"이란 진실되고, 청정한 진리라는 의미이다.

"선종"이라는 용어는, 오늘날은 당연한 단어이지만, 중국에 불교가
들어온 뒤 수백 년 이후에 생겨난 용어이다. 중국불교는 종파불교라고
할 만큼 경전을 중심으로 다양한 종파가 성립되었는데, 당나라 때,
여덟 종파가 대표적이다.[10] 선종도 그중의 하나이다. 달마가 520년
인도에서 중국으로 도래한 이래 수많은 조사들에 의해 각 파의 선사상
이 정립되었지만, 정확히 '선종'이라는 호칭이 처음 언급된 기록은
황벽의 『전심법요』이다.

---

10 수나라 때부터 여러 종파가 형성되기 시작했으나 대부분 단명하였고, 당나라
   때에는 천태종天台宗·법상종法相宗·정토종淨土宗·율종律宗·삼론종三論宗·밀
   교密敎·화엄종華嚴宗·선종禪宗 등 8종파가 대표적으로 활동하였다.

"실은 도라는 것은 배울 것이 없다."는 부분을 보자. 이 내용은 『전심법요』의 주요 사상이자 중심 주제이다. 이 사상은 평상平常의 일상생활 그대로 무사無事하게 사는 것을 말하며, 평상심으로 살아가는 부처이기 때문에 굳이 도를 배울 필요가 없다는 것이다. 그래서 마조(709~788) 선사는 "도는 닦음을 필요로 하지 않는다(道不用修)."라고 하였고, 백장(百丈, 749~814) 선사는 "닦을 것도 없고, 증득할 것도 없다(無修無證)."라고 하였다. 또한 마조의 스승인 남악은 "단지 오염시키지 마라(不汚染)."고 하였다. 오염이란 바로 수행해서 깨달음을 얻겠다는 인위적인 분별심, 조작하고 취사선택하는 마음, 밖에서 구하려는 어리석음 등을 말한다. 오염은 달마의 『이입사행론』에서는 '교위巧僞', 『임제록』에서는 '인혹人惑'이라고 할 수 있다. 청정한 자성이 본래 구족되어 있고, 본래 성불되어 있기 때문에 수행을 가자할 필요가 없으니, 다만 자성을 오염시키지 말라는 것이다. 황벽은 알음알이를 일으키지 말아야 하며, 그 일으키는 자체가 전도된 마음이라고 강조하고 있다.

"마음은 안에 있지도 아니하고~ 진실로 방소가 없다."는 내용을 보자. 『사십이장경』 2장에서는 "(道라는 것은) 안에서 얻을 수도 없고, 밖에서 구할 수도 없다."고 하였고, 『유마경』에서는 "이 마음은 안과 밖, 그 중간에 있지 않다(此心不在內外中間)."라고 하였다. 『능엄경』에서도 '마음은 신체 그 어디에도 존재하지 않음'을 강조하고 있다. 마음은 무엇이라고 이름 붙일 수도 없고, 어디에 있다고 단정할 수도 없으며, 너무 커서 방소가 없는 것이다. 이런 것에서 유래하여 대승경전을 '방등경方等經'이라고 한다.

"제불이 세상에 출현해서 법을 설한 것"이라는 내용을 보자.『법화경』에서는 부처의 일대사인연은 중생들에게 불지견佛知見을 열어서(開),보여주고(示), 깨닫도록 하며(悟), 불지견의 길에 들도록 하기 위해(入) 세상에 출현했다고 하였다.『화엄경』에도 중생들이 지혜와 덕상을 구족하고 있으면서도 알지 못하기 때문에 부처가 어리석은 중생들을 일깨워 가르치려는 서원이 담겨 있다.

24. 마음을 쉬고, 또 쉬어라

恐汝諸人不了 權立道名 不可守名而生解 故云 得魚忘筌 身心自
然 達道識心 達本源故 號爲沙門 沙門果者 息慮而成 不從學得
汝如今將心求心 傍他家舍 祇擬學取 有甚麼得時 古人心利 纔聞
一言 便乃絶學 所以喚作絶學無爲閒道人 今時人只欲得多知多
解 廣求文義 喚作修行 不知多知多解 翻成壅塞 唯知多與兒酥乳
喫 消與不消都總不知 三乘學道人 皆是此樣 盡名食不消者 所謂
知解不消 皆爲毒藥 盡向生滅中取 眞如之中都無此事 故云我王
庫內無如是刀 從前所有一切解處 盡須倂卻令空 更無分別 卽是
空如來藏 如來藏者 更無纖塵可有 卽是破有法 王出現世間 亦云
我於然燈佛所 無少法可得 此語只爲空你情量知解 但銷鎔表裏
情盡都無依執 是無事人 三乘敎網 祇是應機之藥 隨宜所說 臨時
施設 各各不同 但能了知 卽不被惑 第一不得於一機一敎邊守文
作解 何以如此 實無有定法如來可說 我此宗門 不論此事 但知息

心卽休 更不用思前慮後

모든 사람이 진리를 알지 못할까 염려되어 방편으로 '도'라는 이름을 세웠을 뿐이다. 그러니 이름에 갇혀서 알음알이를 내지 말라. 고기를 잡았으면, 통발을 잊어야 한다. 몸과 마음이 자연스럽게 도에 요달해 깨달아야 한다. 이렇게 근원자리에 통달한 사람을 사문이라고 부른다. 사문의 수행은 사려思慮를 쉼으로 해서 이루어지는 것이지, 배우는 것으로 얻어지는 것이 아니다. 그대는 지금 마음을 가지고 마음을 구하는 것과 같다. 옆집에 머물러 배움을 헤아려 구하려 하니, 어느 시절에 도를 얻겠는가?

옛 사람들은 마음이 수승해서 잠깐 한마디만 듣고도 문득 배움을 초월하였다. 그래서 그들을 '배움을 초월한 무위한도인'이라고 불렀다. 지금 사람들은 단지 뭇 지식과 지해를 얻고자 하니, 이는 널리 문의文義를 구하면서 수행이라고 여긴다. 지식과 지해인 줄을 모르기 때문에 오히려 장애를 만든다. 이는 마치 어린아이가 젖을 먹을 줄만 알고 소화시키는 법을 모르는 것과 같다. 삼승도를 배우는 사람들은 모두 이러한 모양새여서 먹을 줄만 알고, 소화를 시키지 못한 자들이라고 볼 수 있다. 지해만 있고 소화를 시키지 못하면 다 독약이 된다. 모두 생멸 가운데 있는 것이요, 진여 가운데서는 이런 일이 없다. 그러므로 '나의 왕궁 창고 안에는 이와 같은 칼이 없다'고 말한 것이다.

이전까지 갖고 있던 모든 알음알이를 다 비워서 다시 분별함이 없다면 곧 이것이 공여래장이다. 여래장에는 다시 한 점 번뇌 티끌도 없나니, 이것이 유법有法을 파하는 왕이 세간에 출현한 까닭이다.

또한 경에서 '내가 연등불 처소에서 얻은 법이 없다'라고 했으니, 이 말은 사람들에게 '정량과 지혜를 비우라'는 뜻으로 표현한 것이다. 다만 지혜가 안팎으로 녹아 없어지고, 번뇌가 다하여 의지하거나 집착이 없는 사람을 '무사인'이라고 부른다. (성문·연각·보살) 삼승교의 체계는 단지 근기에 응한 약으로, 마땅함을 따라 설한 것이다. 임시로 시설한 것이므로 제각기 다르다. 다만 요달해 깨닫는다면 곧 미혹의 피해를 입지 않는다. 제일로 염두에 둬야 할 것은 각 근기에 맞춰 설한 것이므로 문구에 알음알이를 내지 말아야 한다. 왜냐하면 여래는 '실로 일정한 법이 없는 것'을 설하였기 때문이다. 우리 선종문에서는 이런 일을 거론하지 않는다. 다만 마음을 쉬고, 쉬어야 하는 것이요, 다시 전후 생각할 필요가 없다.

---- ⊗⊛ ----

"고기를 잡았으면, 통발을 잊어야 한다." 부처님의 진리는 중생들을 깨우치기 위한 방편에 불과하므로 깨달음을 얻었다면 그 방편을 버려야 한다. 마치 고기를 잡기 위해 통발을 이용하는데, 고기가 잡혔다면 통발은 버려야 하는 것과 같다. 언어란 깨달음을 상징하고 표현하는 하나의 도구일 뿐, 그 언어가 깨달음을 대변할 수는 없다. 그래서 『능가경』에서는 "무릇 언설에는 진실한 뜻이 없다."고 하였고, 『반야경』에서는 "설할 만한 법이 없는 것을 설법이라고 한다."고 하였다. 선학이나 그 이론은 아포리즘(apriorism)에 불과하다. 그래서 부처님께서는 마음을 전하기 위해 가섭에게 꽃을 들어 보였다. 덕산 선감(德山宣鑑, 782~865)이 깨달음을 묻는 제자들에게 방망이(棒)를 휘두르

고, 임제(?~867)가 소리(喝)를 지르고, 구지俱胝 선사가 손가락을 들어 보인 것(一指禪)은 언어가 아닌 방편으로 제자들을 인도하기 위함이다. 이 또한 근원자리로 안내하기 위해 그때그때 활용한 것에 불과하다.

"사문"은 부처님 당시 인도에서 불교의 수행자만이 아니라, 바라문에 반反하는 혁신적인 수행자 집단을 지칭하였다. 불교에서 그대로 수용하여 비구를 뜻하는 단어로 쓰이고 있다. 『사십이장경』1장에 "부모님을 하직하고 집을 나와 마음을 닦는 것이 근본이 되는 것을 알고 최상의 진리인 무위법을 깨닫는 것을 사문이라 한다."고 하였다. 사문은 범어로 슈라마나(śramaṇa)라고 하며, 걸식 수행자를 말한다. 근식(勤息; 부지런히 힘써 번뇌를 쉬는 자)·식심息心·공노功勞라고 한역한다.

"나의 왕궁 창고 안에는 이와 같은 칼이 없다."는 내용은 『열반경』「여래성품」에 실린 우화이다. 참된 진여 차원에서는 어떤 알음알이나 지식이 오히려 독이 됨을 시사한다.

"공여래장"은 『승만경』에 나오는 말로, 번뇌가 전혀 없고, 차별이 없는 순수한 본성이다. 진공과 묘유 측면으로 본다면, 공여래장은 진공眞空에 해당한다.

"배움을 초월한 무위한도인"은 영가 현각(665~713)의 『증도가』에도 언급되어 있다. "배움을 다해 마쳐서 모든 분별심을 초월한 경지에 머물러 있는 도인"이라는 뜻이다. 어떤 아포리즘이니, 옳고 그름 등 대립된 분별을 여의고 적정의 경지에 안주한 사람을 뜻한다. 본 집으로 돌아가 안주해 있는 경지라고 본다.

"유법有法을 파하는 왕이 세간에 출현한 까닭"은 『법화경』「약초유품」의 게송이다. 여기서 '유有'는 세계를 호칭하는 것으로, 번뇌에 가득 찬 중생들이 살고 있는 세계이다. 곧 부처의 출현은 중생들에게 번뇌를 없애는 방법을 알려주기 위한 것임을 뜻한다.

"내가 연등불 처소에서 얻은 법이 없다."는 『금강경』 10품에 언급된 내용이다. 연등불은 석가모니 부처님의 과거 스승이다. 부처님은 과거세에 어떤 진리가 있어서 특별히 얻은 것이 아니다. 설령 진리가 있다고 해도 '진리를 얻었다'는 관념이나 집착이 없다. 이와 같이 어떤 것에 의지하거나 관념두지 않는, 불성의 근원자리에 입각해 있어 번뇌조차 일으키지 않기 때문에 '일을 마친 범부'를 무사인이라고 호칭한다.

"일정한 법이 없는 것"을 여래가 설하였다는 부분을 보자. 무유정법은 『금강경』 7품에 언급된 내용이다. 곧 최고의 진리라고 하지만, 어떤 단정적인 법이 없다. 어떤 것이 최고의 진리라고 정의한다면, 이 또한 알음알이이기 때문이다.

25. 마음이 곧 부처, 마음 밖에 부처가 따로 없다

🦋

問 從上來皆云卽心是佛 未審卽那箇心是佛 師云 你有幾箇心
云 爲復卽凡心是佛 卽聖心是佛 師云 你何處有凡聖心耶 云 卽今
三乘中 說有凡聖 和尚何得言無 師云 三乘中分明向你道 凡聖心
是妄 你今不解 返執爲有 將空作實 豈不是妄 妄故迷心 汝但除卻
凡情聖境 心外更無別佛 祖師西來 直指一切人全體是佛 汝今不
識 執凡執聖 向外馳騁 還自迷心 所以向汝道 卽心是佛 一念情生
卽墮異趣 無始已來 不異今日 無有異法 故名成等正覺 云 和尚所
言卽者 是何道理 師云 覓什麼道理 纔有道理 便卽心異 云 前言無
始已來 不異今日 此理如何 師云 祇爲覓故 汝自異他 汝若不覓
何處有異 云 旣是不異 何更用說卽 師云 汝若不認凡聖 阿誰向汝
道卽 卽若不卽 心亦不心 可中心卽俱忘 阿你更擬向何處覓去

배휴가 물었다. "고래로부터 모두 '마음이 곧 부처'라고 하는데, 이 뜻을 잘 알지 못하겠습니다. 어느 마음이 부처라는 것입니까?"

선사가 답하였다. "그대는 몇 개의 마음을 갖고 있는가?"

배휴가 물었다. "범부의 마음이 부처입니까? 성인의 마음이 부처입니까?"

선사가 답하였다. "그대는 범부와 성인의 마음이 어디에 있다고 생각하는가?"

배휴가 말했다. "지금 선사께서 삼승 가운데 범부와 성인이 있다고 말씀하셨습니다. 선사께서 어찌하여 없다고 말씀하십니까?"

선사가 말했다. "삼승에 대하여 분명히 범부와 성인의 마음이 허망하다고 말했었다. 그대는 지금 이해를 하지 못하고, 오히려 유有에 집착해 공空이 실재한다고 하는군. 어찌 허망하지 아니한가? 허망하기 때문에 마음이 미혹한 것이다. 단지 범부와 성인의 경계를 여읜다면, 마음 밖에 부처가 따로 없다. (달마)조사가 중국에 와서 '모든 사람이 원래 완전한 부처'라는 것을 가르쳤다. 그대가 지금 알지 못하고, 범부에 집착하고, 성인에 집착해 밖을 향해서 구하려고 한다. 오히려 자기 스스로 미혹에 떨어져 있다. 그러기 때문에 '마음이 곧 부처'라고 가르친 것이다. 일념(한 순간)이라도 망정이 생겨나면, 곧 다른 세계에 떨어진다. 무시이래로 과거가 오늘과 다르지 않으며, 다른 법이 없다. 그러므로 '등정각을 성취하였다'고 말하는 것이다."

배휴가 말했다. "화상께서 말하는 '즉卽'이란 무슨 도리입니까?"

선사가 말했다. "그대가 찾는 도리가 무엇인가? 잠깐이라도 어떤 도리가 있다면, 문득 (근원적으로 갖추고 있는 자성청정한) 마음이라는 것과 다르다."

배휴가 말했다. "'무시이래로 과거가 오늘과 다르지 않다'라고 하신 것은 무슨 도리입니까?"

선사가 말했다. "다만 찾아 구하기 때문에 그대는 스스로 타他와 다르다고 보는 것이다. 그대가 만약 구하지 않는다면, 어느 곳에 다른 것이 있겠는가?"

배휴가 말했다. "이미 다르지 않다면, 어찌하여 '즉卽'이라고 설할 필요가 있겠습니까?"

선사가 말했다. "그대가 만약 범부와 성인을 인정하지 않는다면, 누가 그대에게 '즉'이라고 설하겠는가? '즉'이 곧 '부즉'이며, '심'이 곧 '불심'이다. 만약 '심'과 '즉'을 모두 잊는다면, 그대가 다시 망설이며 어디를 향해 구할 것이 있겠는가?"

—— ೦ೆ೮ಿ ——

"마음이 곧 부처", 즉 '즉심시불卽心是佛'은 '평상심이 도(平常心是道)' 와 함께 마조(709~788)의 대표적인 선사상이다. 즉심시불은 마조 이전에도 여러 대승경전에 언급되어 있으며, 선사와 학자들로부터 자주 회자되었다. 즉심시불은 수행의 한 방편이라고 볼 수 있는데, 마조의 사상으로 구축되면서 조사선의 실질적인 기반이 되었고, 선사 상 발달에 지대한 영향을 끼쳤다. 즉심시불이 방편설임을 드러내는 이야기가 있다.

마조의 제자 가운데 은둔한 제자로 유명한 대매 법상(大梅法常,

752~839)이 있다. 법상은 마조로부터 '즉심시불' 연구로 깨달음을 얻은 뒤 곧바로 명주 대매산에 들어가 암자 생활을 하면서 죽을 때까지 세상에 나오지 않았다. 마조는 법상이 깊은 산속으로 들어가 어떻게 수행하고 있는지 궁금하였다. 이에 한 승려를 보내어 법상을 한번 만나보도록 하였다. 얼마 후 승려는 대매산으로 들어가 법상을 만나서 이렇게 물었다.

"스님께서는 마조 스님을 뵙고, 무엇을 얻었기에 이 산에 머물고 계십니까?"

"나는 마조 스님과 선문답을 하는 중에 즉심시불 문구에 깨달음을 얻었고, 이후 여기서 머물고 있네. 몇 년이 흘렀는지도 모르네."

"그런데 법상 스님, 요즈음 마조 스님은 법문을 달리 하십니다."

"어떻게 달라졌는가?"

"요즘 마조 스님은 '마음도 아니요, 부처도 아니다(非心非佛)'라고 하십니다."

그러자 법상은 도리어 이렇게 말했다.

"아니 그 노인은 사람을 혼란케 하는 일을 아직도 그만두지 않는군. 마조 스님이 비심비불이라고 하건 즉심시불이라고 하건 나는 오직 즉심시불일세."

그 승려가 마조에게 돌아가 법상이 했던 말을 그대로 들려주자, 마조가 탄성을 질렀다.

"매실이 다 익었구나."

마조의 즉심시불 사상과 더불어 함께 회자되는 이야기다. 아마도 법상은 마조로부터 즉심시불이 아닌 비심비불 언구를 들었을지라도 깨달았을 것이다. 곧 즉심시불은 제자를 깨우치기 위한 수시隨時 설법, 곧 방편에 불과하다는 뜻이다.

"(달마)조사가 중국에 와서 …" 부분을 보자. 조사는 달마를 가리키며, '달마가 서쪽으로부터 중국에 온 이유는 무엇이냐?'는 뜻이다. 이 문구는 처음 선문답에서 공안으로 발전되어 수많은 선사들에 의해 회자되고 있다. 어구에는 아무런 의미가 없으며, '선의 본질은 무엇이냐?', 수행코자 하는 '그 마음의 본질은 무엇이냐?'를 내포한다. 그만큼 달마라는 인물은 어떤 존재이냐를 떠나서 선의 근원이자 마음 본질의 대명사로 여겨지고 있다. 이 공안에는 선사들마다 전형적인 정답이 없다. 한 선사일지도 제자들의 같은 질문에 여러 대답이 있을 정도 이다.

마조의 경우를 보면, ①어느 승려가 "달마가 서쪽에서 오신 뜻이 무엇입니까?"라고 묻자, 마조는 "지금 자네는 어떤 의도인가?"라고 하였다. ②어느 제자가 조사서래의를 묻자, 마조가 별안간 그 승려의 뺨을 후려치면서, "내가 그대를 후려치지 않는다면 제방에서 나를 비웃을 걸세!"라고 하였다. ③륵담 법회가 마조에게 조사서래의를 질문하자, 법회에게 "이리 가까이 오게."라고 한 뒤, 법회가 앞으로 가까이 가자, 마조가 한 대 후려치면서 말했다. "여섯 귀가 모두 같지 아니하네. 내일 다시 찾아오게." ④홍주 수로가 조사서래의에 대해 질문을 하자 발길로 걷어찼다. ⑤대매 법상이 조사서래의를 묻자, "자네의 마음이 바로 그것이다."라고 답변하였다. 이와 같이 똑같은 질문에도 스승은 시간과 장소, 제자의 근기에 따라 답변이 같지 않다.

'조사서래의' 공안에 대해 살펴보자. 초조 달마를 중국 선종의 초조라고 보면서 달마의 선법이 대승불교 선의 시발점이라고 보기 때문이다. 『속고승전』의 저자 도선 율사는 보리달마의 선법에 이렇게 서술하고 있다. "승주(480~560)가 『열반경』「성행품」의 4념처법에 의거해 수행하는 반면, 달마의 선사상은 반야공관을 특색으로 한다."라고 하였다. 당시 승주뿐만 아니라 화북의 수행자들은 백골관이나 부정관을 닦았다. 이론적인 반야사상에 기초를 두면서도 벽관壁觀이라는 실천으로 새로운 경지를 펼쳤기에 도선 율사는 달마의 선을 '대승벽관大乘壁觀 공업최고功業最高'라고 극찬하였다. 바로 이런 점 때문에 보리달마가 중국 선종의 초조로 받들어진다.

"조사가 중국에 와서 모든 사람이 원래 완전한 부처라는 것을 가르쳤다."는 부분을 보자. 달마의 어록, 돈황본 『이입사행론』에 "이입理入이란 경전에 의해서 도의 근본정신을 깨닫고 범부와 성인이 모두가 동일한 진성眞性을 갖고 있다고 깊이 믿는 것이다. 다만 번뇌로 인해 알지 못하고 있으니 번뇌를 버리고 참됨으로 돌아가 벽壁과 같이 주住하여, 스스로 마음을 관하여 자신과 상대가 둘이 아님을 깨달으면 범부와 성인이 하나로 평등해진다."라고 하였다. 곧 본래부처인 본각사상에 입각해 있는 내용이다.

"범부와 성인에 집착해 밖을 향해서 구하려고 한다."는 내용은 『전심법요』에서 줄곧 언급되고 있다. 마음 차원에서는 '범부니, 성인이니'라는 것이 없다. 범부와 성인의 경계가 있다는 관념부터 버려야 한다. 그리고 깨달음은 본래의 마음을 떠나서 도를 이룰 수 있는 것이 아니며, 마음을 여의고서 부처를 구할 수 있는 것이 아니다. 곧 성인이든 범부든 마음은 공통분모라고 이해하면 좋을 듯하다. 『화엄경』에서 "마음과 부처, 중생 이 셋은 차별이 없다(心佛及衆生是三無差別)."고 하지 않았는가!? 그래서 원문에서 황벽은 마음 밖에 부처가 따로 없다고 하였다. 외부로 치달려 밖에서 부처를 구하지 말라는 것인데, 마조도 이 점을 강조하며 "밖에서 구하지 말라."고 하였다. 황벽의 제자인 임제(?~866)는 스승들보다 더 적극적으로 "안에서도 밖에서도 무언가 마주치는 것은 모두 죽여 버려야 한다."고 하면서 자기 자신의 철저한 자각을 강조하였다.

26. 한 법도 없거늘 무슨 전할 법이 있으랴!

問 妄能障自心 未審而今以何遣妄 師云 起妄遣妄亦成妄 妄本無
根 祇因分別而有 你但於凡聖兩處情盡 自然無妄 更擬若爲遣他
都不得有纖毫依執 名爲我捨兩臂必當得佛 云 旣無依執 當何相
承 師云 以心傳心 云 若心相傳 云何言心亦無 師云 不得一法
名爲傳心 若了此心 卽是無心無法 云 若無心無法 云何名傳 師云
汝聞道傳心 將謂有可得也 所以祖師云 認得心性時 可說不思議
了了無所得 得時不說知 此事若敎汝會 何堪也

배휴가 물었다. "망념이 자심自心을 가로막습니다. 잘 모르겠습니다. 어떻게 해야 망념을 없앨 수 있을까요?"

선사가 말했다. "망념을 일으키고 망념을 없애려는 것 또한 망념이다. 망념은 본래 근본이 없다. 다만 분별해서 실제로 있다고 하는 것이다. 그대는 다만 범부와 성인이라는 두 가지 경계를 염두에 두고 있는데, 이 두 경계의 알음알이가 없다면 자연스럽게 망념이 없어질 터인데 어찌해서 다시 헤아려 그것을 없애려고 하는가? 모두 털끝만큼 이라도 의존해 집착하지 않아야 한다. 이것을 말해서 '내가 두 팔을 모두 버렸으니 반드시 부처를 이루리라.'라는 것과 같은 것이다."

배휴가 물었다. "이미 의지하고 집착할 것이 없다면, 마땅히 어떻게 서로 전합니까?"

선사가 말했다. "마음으로서 마음에 전한다."

배휴가 말했다. "만약 마음으로 서로 전한다면 어찌하여 마음이라는 것 또한 없다고 합니까?"

선사가 답하였다. "한 법도 얻을 것이 없다. 이것을 말해서 전심傳心 이라고 한다. 만약 마음을 요달한다면, 곧 이 무심이 무법이다."

배휴가 말했다. "만약 무심이 무법이라고 한다면, 어떻게 전한다고 할 수 있습니까?"

선사가 답하였다. "그대는 도를 마음에서 마음으로 전한다는 말을 듣고, 무언가 얻는 것이 있다고 망상하고 있다. 그러므로 조사가 이렇게 말했다. '심성을 깨달았을 때, 부사의한 일이라고 하리라. 분명하고 분명해서 얻을 것도 없으니, 얻은 때라고 할지라도 알았다고 말할 수 없다.'[11] 이 진리를 그대에게 알게 할지라도 어찌 감당할 수 있겠는가?!"

---

11 서천 23조 학륵나 존자의 전법게 전문이다.

"망념"이라는 말은 수행에 방해되는 모든 생각을 지칭한다. 선禪에서는 수많은 생각들을 번뇌망상이나 객진이라고 표현한다. 원문에서는 성인과 범부를 나눠서 생각하는 이분법적 사고, 분별심을 망념이라고 보고 있다.

"내가 두 팔을 모두 버렸으니 반드시 부처를 이루리라."는 『법화경』 23품 「약왕보살본사품」에 연원을 둔다. 오랜 옛적에 일월정명덕日月淨明德 부처님께서 일체중생희견一切衆生喜見 보살을 비롯한 여러 보살들과 성문대중들을 위하여 『법화경』을 설해주셨다. 일체중생희견 보살은 일월정명덕 부처님 덕으로 큰 삼매를 얻음에 환희심을 내어 이런 생각을 하였다. '내가 아무리 신통력으로 좋은 공양을 올린다고 하여도 육신으로 공양함만 같지 못할 것이다.'라며 두 팔을 비롯해 소신공양燒身供養 서원을 세우는 부분이 있다.

"마음에서 마음으로 전한다." 석가모니 부처님부터 현대 선사에 이르기까지 이심전심으로 법이 전해지고 있다. 그렇다면 의발衣鉢은 어떤 의미인가? 선종에서 가사와 발우는 상징적인 의미로 부처님으로부터 33조인 6조 혜능까지 전해졌다. 혜능 이후로는 의발로 인해 다툼이 일어날 것을 경계해 의발이 전법게傳法偈로 바뀌었다. 801년 『보림전』의 성립과 더불어 조사선(마조선)의 교단이 정립되었다. 즉 이심전심以心傳心·교외별전敎外別傳이라고 하는 정법안장正法眼藏의 조사선 계보가 확립되었는데, 스승과 제자 간의 전법게가 첨가된 것이다.

"한 법도 얻을 것이 없다. 이것을 말해서 전심傳心이라고 한다."는 『금강경』의 구절과 유사한 내용으로서 조사선 사상이다. 이 어록에서 줄곧 언급하는 내용이기도 하다. 어떤 작은 법도 얻을 것이 없음을 말한다. 『금강경』 22품에 "조그마한 법조차도 얻을 만한 것이 없으므로 이를 최상의 깨달음(無有少法可得 是名阿耨多羅三藐三菩提)이다." 라고 하였다. 이 품의 제목도 '얻을 것이 없는 법(無法可得分)'이다. 또한 『금강경』 17품에 "실로 법이 있어서 최상의 깨달음을 얻은 것이 아니다(實無有法 得阿耨多羅三藐三菩提)."라고 하였고, 9품에서도 "실로 '아라한'이라 할 만한 법이 없기 때문이다(實無有法 名阿羅漢)."라고 하였다.

이와 같이 얻을 것조차 없으며, 얻었다는 관념조차 염두에 두지 않기 때문에 무법無法을 무심이라고 한다. 『금강경』에서 무심의 상태는 곧 청정심인 무주심無住心이다. 이 무심이 바로 번뇌를 항복받은 상태인 무주상無住相 경지이다.

강원도 신흥사에서 2017년 하안거 해제법문이 있었다. 조실 무산 스님이 상당에 올라 말씀하셨다. "나는 대중 여러분 한 번 바라보고, 대중 여러분들은 나 한 번 바라보면, 나는 내가 할 말을 다 했고 여러분들은 오늘 들을 말을 다 들은 겁니다. 날씨도 덥고 하니 서로 한 번 마주보고 그랬으면, 할 말 다 하고 들을 말은 다 들은 겁니다. 오늘 법문은 이게 끝입니다."

서로 보았으니, 법사는 설법을 다 했고, 청중은 다 들은 것이다. 그런데 『유마경』에 의하면, 문수보살이 유마거사에게 불이법문을 물었을 때 유마는 아무 말도 하지 않았다. 이에 비하면, 무산 스님은 너무 법문을 길게 말씀하시어 청중을 당황케 한 것은 아닌가?!

결제기간 포살 법회 때, 10여 년 만에 한 도반스님을 만났다. 스쳐 지나면서 필자에게 이렇게 인사말을 건네었다.

"(죽지 않고) 잘 살고 있어 고마워요."

"네."

27. 무사인이 되어라!

問 祇如目前虛空 可不是境 豈無指境見心乎 師云 什麼心敎汝向
境上見 設汝見得 只是箇照境底心 如人以鏡照面 縱然得見眉目
分明 元來祇是影像 何關汝事 云 若不因照 何時得見 師云 若也涉
因 常須假物 有什麼了時 汝不見他向汝道 撒手似君無一物 徒勞
謾說數千般 云 他若識了 照亦無物耶 師云 若是無物 更何用照
你莫開眼嚹語去 上堂云 百種多知 不如無求最第一也 道人是無
事人 實無許多般心 亦無道理可說 無事散去

배휴가 물었다. "눈앞의 허공은 경계라고 할 수 없습니까? 경계를
가리켜 마음을 보는데, 어찌 없다고 하십니까?"

　선사가 말했다. "어떤 마음이 그대로 하여금 경계를 보게 하는가?
설령 그대가 볼 수 있다고 하더라도 다만 경계를 보는 마음일 뿐이다.
마치 사람이 거울에 얼굴을 비추어서 눈썹과 눈을 분명하게 볼지라도

그것은 다만 영상이 나타난 것에 불과할 뿐이다. 그대의 본 성품과 무슨 상관이 있겠는가?"

배휴가 물었다. "만약 비춤이 인연되지 않는다면 어찌 볼 수 있겠습니까?"

선사가 말했다. "만약 의존하거나 인연된다면, 항상 의존할 어떤 거짓 물건이 있어야 한다. 그렇다면 그대는 도대체 어느 때에 요달할 수 있겠는가? 그대에게 '손을 털어서 보일 것이 하나도 없다. 수천 가지로 그대에게 설한다 해도 모두 헛수고하는 일이다.'는 말을 듣지 못했는가?"

배휴가 물었다. "만약 심법을 요달했다면, 비출 때 다른 물건이 없다는 겁니까?"

선사가 말했다. "대상이 없다면 다시 비출 작용도 없다. 그대가 눈을 분명하게 뜨고 있다면, 잠꼬대하지 말라."

선사가 법상에 올라 법을 설하였다. "수많은 알음알이는 '구함이 없는 것'만 못하다. 도인이란 바로 무사인이다. 실로 여러 가지로 잡다한 일에 마음이 반연되는 것이 없다. 더 이상 설할 것이 없으니, 무사히 돌아가라."

──── ⊙⅏⊙ ────

"수많은 알음알이는 '구함이 없는 것'만 못하다."는 말은, 곧 알음알이나 지해로서 법을 구하지 말라는 의미이다. 그렇다면, '구함이 없는 것(無求)'이란 무엇을 뜻하는 것일까? 초조 달마 선사의 사상 중에서 무구에 대해 잘 설명해 놓은 내용이 있다. 『이입사행론二入四行論』에

서 4행四行을 제시했는데, 4행은 대승에 뜻을 두고 도에 들어가기
위한 요문要門이다. 곧 보원행報寃行·수연행隨緣行·무소구행無所求
行·칭법행稱法行인데, 수행 원리보다는 삶의 진실을 드러내고 있어
필자가 좋아하는 선사상이다. 이 가운데 세 번째 무소구행이 바로
무구이다.

"세상 사람들이 처처處處에 욕심 부리는 것을 구求라고 한다. 지혜
로운 사람은 참됨을 깨닫고, 진리로서 세속적인 것을 멀리하고,
마음을 무위無爲에 두며, 몸을 흐름에 맡긴다. 만유萬有는 공空이
니, 구하는 것이 없는 것이 낙樂이다. … 그러니 모든 것에 생각을
쉬고 구하지 말라. 경전에 '구함이 있으면 고통이요, 구함이 없으면
낙이다.'라고 하였다. 구함이 없는 것이 바로 도를 실천하는 길임을
분명히 알지니라."(『경덕전등록』)

황벽보다 300여 년 앞서 살다간 달마의 설법이 『전심법요』보다
논리적으로 명쾌하게 느껴진다. 황벽이나 달마가 말하는 '구함'이라는
것은 바로 과도한 집착심·분별심, 평상심에 머물러 있지 못한 인위적
인 마음이다. 곧 무구는 공사상, 반야사상이 담겨 있는 대승심을
의미한다. 무구無求란 본위 그대로인 청정심 자체로 남아 있는 상태이
다. 필자가 몇 번 거듭하지만, 『금강경』에서 말하는 무주상無住相,
무심이다.
　구심헐즉무사求心歇卽無事라고, 구하려는 마음을 쉬는 것이 곧 일이
없는 것이다. 구하려고 하면 할수록 점점 더 멀어지는 법이다. 그러니

번뇌를 배척하고 반드시 깨달아야 한다는 집착도 갖지 말 것이며, 해탈을 추구하려는 욕심도 내려놓아야 하는 무심無心이 무구이다. 『유마경』「부사의품」에서 "법法을 구하는 사람은 일체법에 무언가 구하는 것이 없어야 한다."고 하였고, 마조 선사도 "무릇 법을 구하는 자는 구하는 바가 있어서는 안 된다. 마음 밖에 법이 따로 있는 것이 아니며, 부처를 떠나 따로 마음이 있는 것도 아니다."라고 했으며, 임제 선사는 "구하는 마음이 없는 것이 무사無事이다."라고 하였다. 그래서 임제는 아무것도 구하지 않는 사람을 '무사인無事人', '무사시귀인無事是貴人'이라고 명명하였다. 무사인을 임제 선사는 또 무위진인無位眞人이라고 하였다. 무위진인이란 어떤 계위에도 속하지 않으며 분별심이나 차별의 위상位相이 없는 참사람으로, 인간 누구에게나 본래부터 내재되어 있는 절대 주체인 것이다.

"실로 여러 가지로 잡다한 일에 마음이 반연되는 것이 없다."는 부분을 보자. 여기서는 평상무사인으로 어떤 망상분별심이 없는 경지를 말한다. 하지만 필자는 이 부분을 보면서 좀 더 현실적인 내용이 뇌리에 스친다.

2조 혜가가 달마 선사에게 물었다.
"스님, 어떻게 공부해야 도를 얻을 수 있습니까?"
"밖으로 모든 인연을 쉬고, 안으로 헐떡거리는 마음이 없으며 마음이 장벽과 같아야만 도에 들어갈 수 있다."
外息諸緣 內心無喘 心如墻壁 可以入道 (『속고승전』)

달마 선사의 말씀대로 수행할 때는 마음 안팎으로 장벽과 같이 굳건히 해서 쓸데없이 반연된 일을 만들지 말아야 한다. 스님들이 인연을 너무 많이 짓거나 잡다한 일이 많으면 수행이든 사람 간의 관계든 부작용이 생기기 마련이다. 근자에 불자수가 대폭 감소하고 있는 데다가 출가자까지 감소하고 있는 상황이다. 이런데도 승려들 중 일부는 수행과 포교보다는 다른 반연된 일에 얽혀 있는 것 같다. 이런 때 일수록 수행자는 수행자의 본분에서 어리석을 정도로 우직하게 한 길로 나아가는 뚝심이 있어야 한다. 바로 직심(直心; 순수한 마음, 삿된 것에 사로잡히지 않는 마음으로 공空의 마음과도 상통함)이 간절히 필요하다.

28. 흐름에 따르되 흐름에 맡기지 마라

🦋

問 如何是世諦 師云 說葛藤作什麼 本來清淨 何假言說問答 但無
一切心 卽名無漏智 汝每日行住坐臥一切言語 但莫著有爲法 出
言瞬目 盡同無漏 如今末法向去 多是學禪道者 皆著一切聲色
何不與我心 心同虛空去 如枯木石頭去 如寒灰死火去 方有少分
相應 若不如是 他日盡被閻老子拷你在 你但離卻有無諸法 心如
日輪常在虛空 光明自然 不照而照 不是省力底事 到此之時 無棲
泊處 卽是行諸佛行 便是應無所住而生其心 此是你清淨法身 名
爲阿耨菩提 若不會此意 縱你學得多知 勤苦修行 草衣木食 不識
自心 盡名邪行 定作天魔眷屬 如此修行 當復何益

배휴가 물었다.

"세속제란 무엇입니까?"

선사가 말했다.

"갈등을 설해서 무얼 하겠는가? 본래 청정하거늘 어찌 언설로써 묻고 답하랴! 다만 일체의 마음이 없는 것을 무루지라고 한다. 그대가 매일 앉고 서 있으며 누워 있을 때나 어떤 말을 할 때도 단지 유위법에 집착이 없다면, 말을 하고 눈을 깜빡이는 모든 것이 번뇌 없는 경지(無漏)이다. 말법시대로 접어든 지금, 선도禪道를 배우는 자들이 온갖 소리와 색깔에 집착하고 있으니, 어찌 자신의 마음과 더불어 눈뜰 수 있겠는가? 마음이 허공과 같고, 고목이나 돌덩이 같으며, 다 탄 불씨와 같아야 한다. 바야흐로 그렇게 되어야 조금이라도 상응할 수 있다! 만약 그렇지 못하다면 먼 훗날에 염라노자에게 문책 당할 것이다. 그대가 다만 유有·무無 제법諸法을 여의었다면 마음은 항상 태양이 허공을 비추는 것과 같아서 광명이 자연스럽게 비추지 않아도 비출 것이다. 그러니 굳이 인위적으로 힘쓰지 않아도 된다! 여기에 도달하는 때 머무를 곳이 없으니, 곧 모든 행이 제불의 행이다. 응당히 주하는 바 없이 그 마음을 내어야 한다. 이것이 그대의 청정법신으로, '아뇩보리'라고 이름한다. 만약 이 뜻을 알지 못한다면, 그대가 지식으로 배우고, 열심히 수행하며, 풀 옷을 입고 나무열매를 먹는다고 해도 스스로 그 마음을 알지 못한다. 이는 모두 삿된 행이라고 할 수 있다. 반드시 마구니의 권속이 된다. 이렇게 수행한다면 무슨 이익이 있겠는가?"

—— ∞ ——

황벽은 '원래 청정한 본체이거늘 어찌 세속적인 언설로서 청정심을 표현하느냐'며 갈등(언설)[12]으로 설할 필요가 없다고 말하고 있다.

별도로 수행해서 얻는 것이 아니라 자신의 번뇌를 제거만 하면, 바로 그 자리가 무루無漏의 경지이다. 그래서 움직이고 말하는 일상의 행위 자체인 상태가 바로 부처인 것이다. 차별심이나 분별심이 없는 청정심이라면 굳이 수행이라는 공력을 들이지 않아도 된다고 어록에서 말하고 있다. 이런 마음에 머물러 있으므로 그 자리는 최고의 경지인 무상정등정각無上正等正覺이다.

"세속제"란 순수 진리세계가 아닌 유위법有爲法이다. 반대 개념인 무위법無爲法은 열반세계를 향한, 적멸寂滅의 진리를 지칭한다. 곧 진제眞諦라고도 할 수 있다. 유위법은 속제라고 통칭하는데, 형체로 보이는 모든 것들을 말하며, 조건 지어서 형성된 것으로 중생을 윤회토록 하는 법들이다.

　선의 경전인 『유마경』에 제시된 유위법과 무위법을 보기로 하자. 「제자품」에서는 출가에 대해 언급하면서 "출가에 공덕이 있다고 한다면 이는 유위법이고, 무위법 입장에서는 이익도 공덕도 없다"고 하였다. 그러면서 "참 출가는 공덕이 있다든가 없다든가 하는 분별심이나 차별심·집착심이 없는 무심의 경지여야 하는데, 이를 무위법"이라고 정의하고 있다. 또한 「보살품」에서 "중생을 교화하되 공空적인 마음 바탕에서 유위법조차도 버리지 않고 무상無相을 추구해야 진정한 무위법의 경지이고, 이것이 참 중생교화이다."라고 하였다. 한편 깨달음의 보리에는 과거·현재·미래 시제가 없듯이, 무위법 경지인 진리는

---

12 개인의 정서가 사고가 모순되어 일으키는 것이다. 여기서는 뒷 문장과 추론해 볼 때, 언어 문자에 집착하는 것이라고 볼 수 있다.

과거·현재·미래 시제가 끊어진 것으로서 진여인 법신法身은 오고 가는 시간적인 거래가 없다고 하였다. 『금강경』으로 본다면 "가장 높은 최상의 깨달음이라고 하지만, 그 최상의 깨달음조차 정해진 법이 없으며, 여래께서 설한 단정적인 법이 없는 것이다."라고 하듯이, 참 진제라고 할 것조차 없는 경지가 무위법이라고 하였다.

"말을 하고 눈을 깜빡이는 모든 것이 번뇌 없는 경지(無漏)"라는 부분을 보자. 『유마경』「보살품」에 "모든 하는 일에 있어 발을 올리고 발을 내리는 것이 마땅히 이 도량으로부터 와서 불법에 머무는 것(諸有所作 擧足下足 當知皆從道場來 住於佛法矣)"이라고 하였다. 곧 본래성불된 본각本覺의 경지에서 행주좌와 어묵동정하기 때문이다. 그 어떤 행이 든 부처의 행(佛行)이다.

"여기에 도달하는 때, 머무를 곳이 없으니(無棲泊處)…"를 보자. 무서 박처는 집착하거나 인위적으로 쓸데없는 힘을 쓸 필요 없이 임의자재 한 것을 말한다. 이 무서박처는 무주無住, 무소주無所住 의미로 본래무 일물本來無一物이라고 볼 수 있다.

"곧 모든 행이 제불의 행이다. 곧 응당히 주하는 바 없이 그 마음을 내어야 한다." '응무소주應無所住 이생기심而生其心'은 본 어록에 두 번 나오지만, 내용상으로는 여러 곳에 등장한다. 또한 이 구절은 6조 혜능이 주막집에서 듣고 출가하는 계기가 된 말인데, 『금강경』이 선종의 소의경전이 된 이유이기도 하다. 여기서 기심其心이란 청정심

淸淨心·무심을 말한다. 다음 게송을 한번 보자.

마음은 수만 곳으로 흘러가고, 굴러간 곳은 참으로 유현하다.
흐름에 따라 그 근원을 알게 되면, 기쁨도 없고 걱정도 없다.
心隨萬境轉 轉處實能幽 隨流認得性 無喜亦無憂
-서천 조사 23조 학륵나존자 게송(『경덕전등록』)

마음에는 모습이나 형체가 없다. 다만 감수 작용만이 있을 뿐이다.
느끼는 데에 마음이 존재한다. '유현하다'는 것은 미묘한 곳이다.
무심히 만 가지 모습을 그대로 반영하면서도 미美·추醜, 시是·비非
등 이분법적 극한에 사로잡히지 않고, 다만 흐르는 데에 물의 유현하고
미묘한 맛이 있다. 곧 무심이다. 번뇌의 근원을 분명히 알면, 기쁠
때는 단순히 기뻐하고 슬플 때는 단순히 슬퍼하면서 마음을 조용히
흐르게 한다. 그래서 '흐름에 따르되 흐름에 맡기지 않는다'고 하는
것이다. 바로 이런 때, 세상의 힘든 역경을 극복할 수 있다. 혹 힘든
고난에 맞닥뜨려 있으면, 그대의 마음을 객관적으로 관조해서 그냥
흘러가게 두어라. 그 또한 지나가게 되어 있다.

29. 안광낙지시를 보장할 그 무언가를
닦았는가?!

誌公云 佛本是自心作 那得向文字中求 饒你學得三賢四果 十地
滿心 也祇是在凡聖內坐 不見道 諸行無常 是生滅法 勢力盡 箭還
墜 招得來生不如意 爭似無爲實相門 一超直入如來地 爲你不是
與麽人 須要向古人建化門廣學知解 誌公云 不逢出世明師 枉服
大乘法藥 你如今一切時中 行住坐臥 但學無心 久久須實得 爲你
力量小 不能頓超 但得三年五年或十年 須得箇入頭處 自然會去
爲汝不能如是 須要將心學禪學道 佛法有甚麽交涉 故云 如來所
說 皆爲化人 如將黃葉爲金 止小兒啼 決定不實 若有實得 非我宗
門下客 且與你本體有甚交涉 故經云 實無少法可得 名爲阿耨菩
提 若也會得此意 方知佛道魔道俱錯 本來淸淨皎皎地 無方圓
無大小 無長短等相 無漏無爲 無迷無悟 了了見無一物 亦無人
亦無佛 大千沙界海中漚 一切聖賢如電拂 一切不如心眞實 法身
從古至今與佛祖一般 何處欠少一毫毛 旣會如是意 大須努力 盡

今生去 出息不保入息

지공께서 '부처는 본래 스스로의 마음이 지은 것이거늘 어찌 문자 가운데서 구하는가?' 설령 3현三賢[13]·4과四果[14]·10지만심十地滿心[15]의 경계를 얻었다 할지라도 다만 범부와 성인이라는 차별심에 머물러 있을 뿐이다. 그대는 알지 못하는가? 모든 것이 무상하거니, 이는 생멸의 법이다. 세력이 다하면 화살이 바닥으로 떨어지는 것이니, 뜻대로 되지 않는 내생을 초래할 것이다! 어찌 무위실상문을 한 번에 뛰어넘어 여래지에 들어감만 같겠는가?'라고 하셨다. 그대는 다른 사람들보다 근기가 부족하므로, 고인이 세운 방편문에서 널리 지해知解를 배울 필요가 있다. 지공이 '세간을 초월한 명사를 만나지 못했다면, 대승의 법약을 그릇되게 복용한다.'라고 하였다. 그대가 지금 일체시중 행주좌와에 무심을 배워 오랫동안 거듭하면, 힘을 조금이라도 얻을 것이다. 그대의 역량이 부족해 몰록 뛰어넘지 못할지라도

---

13 『화엄경』에서 제시하는 53위 수행 과위 중 10주十住·10행十行·10회향十回向을 말한다.

14 4과란 수행과위를 말한다. ①수다함과(Sotāpanna)는 예류과豫流果로서 성인의 흐름에 들었다는 것이다. ②사다함과(Sakadāgāmi)는 일래과一來果로서 수행을 잘하였으나 번뇌가 조금 남아 있어 열반에 들지 못하고 다시 한 번 세상에 태어나는 것이다. ③아나함과(Anāgāmi)는 불환과不還果로서 번뇌를 모두 소멸했으므로 다시는 이 세상에 돌아오지 않는 것이다. ④아라한(Arahant)과는 응공과應供果로서 수행을 완성한 사람으로 일체 번뇌를 끊고 완전한 열반에 들어간 경지이다.

15 『화엄경』에서 제시하는 53위 수행 과위 중 10지十地이다. 이 10지부터 증득되는 경지이다.

다만 3년, 5년 혹은 10년이 흐르면 입두처가 있으리니, 자연스럽게 알게 된다. 그런데 그대가 이와 같이 안 되는데, 그런 마음으로 선을 배우고 도를 배우니 불법과 무슨 교섭이 있겠는가?

그러므로 '여래의 설법은 다 사람을 교화하기 위한 것으로, 마치 누런 잎을 황금이라고 속여 우는 아이를 달래는 것'과 같다. 결정코 실재적인 것이 없다. 만약 실재적인 것이 있다고 한다면 우리 종문의 사람이 아니다. 또한 그대의 본체와 무슨 교섭이 있겠는가? 경에 '조그마한 법조차도 얻을 것이 없는 것을 아뇩보리라고 한다.'고 하였다. 혹 이 뜻을 알고자 한다면, 바야흐로 '불도佛道와 마도魔道라고 하는 것이 모두 그릇된 것'(『대승찬』)임을 알게 될 것이다. 본래 청정해 밝으며, 모나지도 둥글지도 않고, 크지도 작지도 않으며, 길고 짧은 형상도 아니다. 번뇌와 열반도 없으며, 어리석음과 깨달음도 없다. 그러므로 '분명히 보라. 한 물건도 없다. 또한 중생도 없고, 부처도 없다. 항하사 대천세계는 바다의 물거품이며, 일체 성현은 모두 스치는 번개와 같다.'(『증도가證道歌』)고 하였다. 일체가 마음의 진실함만 같지 못하다. 법신은 예로부터 지금에 이르기까지 부처와 조사가 같거늘 어느 곳에 조금이라도 부족함이 있겠는가? 이미 이와 같은 뜻을 알았으니, 부지런히 노력해야 한다. 이번 생을 마칠 즈음, 숨을 내쉬고 들이쉴 보장이 있겠는가?!

———— ☙ ————

"세간을 초월한 명사"란 명안종사明眼宗師, 벽안碧眼의 스승을 말한다. 위빠사나든 간화선이든 스승과의 인연이 매우 중요하다. 선에는 발초

첨품撥草瞻風·발초참현撥草參玄이라는 말이 있다. 수행자들이 스승을 찾아 '풀을 헤치고, 바람을 거슬러 맞으며 스승을 찾아 나선다'는 뜻으로, 힘든 고난을 헤치며 구도하는 역정을 말한다. 이는 조동종의 종조 동산 양개(洞山良价, 807~869)의 선풍에서 비롯되었다.

"지공誌公"(418~514)은 달마가 중국에 도래하기 이전 선자이다. 중국에서 선종이 형성되기 이전, 중국 민족에 의한 새로운 종교철학이 태동하였는데, 위진남북조 시대의 청담淸談과 현학玄學이라 불리는 사상운동이다. 곧 지공과 부대사 등 반승반속半僧半俗의 종교가에 의해서 시도되었다. 지공은 계율을 초월하여 형식적인 선의 관습을 배척하였으며, 무애행無碍行이나 무집착 등 전형적인 자유로움을 드러낸 선사이다. 지공과 부대사는 후대 조사선 발전에 큰 영향을 미쳤다. 곧 이들은 중국 선사상적 흐름에 있어 연원이 된다.

"누런 잎을 황금이라고 하면서 우는 아이를 달래는 것"이라는 내용은 『열반경』「영아행품」에 전한다. 황엽지제전黃葉止啼錢이라고 하여 선에서 스승이 제자를 가르칠 때, 방편 쓰는 것을 비유한다. 이 비유는 마조의 기연機緣에 전하는데, 다음 내용이다.

　　어느 승려가 물었다.
　　"화상께서는 어찌하여 '마음이 곧 부처(卽心是佛)'라고 설하십니까?"
　　"어린 아기의 울음을 그치게 하기 위해서다."

"울음을 그치면 어떻게 합니까?"

"마음도 아니고 부처도 아니다(非心非佛)."

"이 두 가지를 제외하고 다른 사람이 오면 어떻게 하시겠습니까?"

"그에게는 '물건도 아니다'라고 하겠다."

"바로 그런 사람이 오면 어떻게 하시겠습니까?"

"그에게 대도大道를 손에 쥐어 주도록 하겠다." (『경덕전등록』「마조
장」)

　낙엽을 반짝거리게 해서 황금이라고 속이는 것이다. 맨주먹을 보이
며 좋은 것을 주겠다고 하는 것과 같다. 울음을 그친 아이에게는
황엽의 지제전은 필요 없다. 마조는 또 그런 사람을 위해 비심비불非心
非佛이라고 설한다. 곧 '즉심시불'은 우는 아이를 달래기 위한 것이요,
울기 때문에 본래 부처라고 설해주는 것이다. 아기는 원래 착한 아이도
나쁜 아이도 아닌, 단지 아기일 뿐이다. 실은 상대가 울지 않으면
'아가야! 너는 착한 아이다'라고 말할 필요도 없다. 즉심시불이니
비심비불이니 하는 따위의 언설에 집착하지 말 것을 염두에 둔다.
진실한 부처는 눈으로 볼 수도, 언어로 표현할 수도 없기 때문이다.
하지만, 문자는 진리를 전달하는 방편으로써 꼭 필요한 존재이다.
즉심시불이나 비심비불이나 모두 선교방편善巧方便에 불과하며, 자
신이 아닌 다른 곳에서 구하려고 하는 이들을 경책하기 위한 선리禪理
이다. 따라서 즉심시불이 곧 비심비불이요, 마음도 부처도 모두 누런
잎에 지나지 않는다. 그리하여 '마음이다, 부처다'라고 말하기도 하지
만 '마음도 아니요, 부처도 아니다'라고 말할 필요조차 없다. 어떤

고정된 것을 두고 '부처'니, '마음'이니 지칭할 것도 없다. 어떤 것에 집착해서 그것만이 부처라고 한다면, 수행의 참된 뜻을 잃어버린 것이다.

"조그마한 법조차도 얻을 것이 없는 것을 아뇩보리라고 한다."는 내용은 『금강경』의 구절이다. 22품에 "조그마한 법조차도 얻을 만한 것이 없으므로 이를 최상의 정각(無有少法可得 是名阿耨多羅三藐三菩提)"이라고 하였다. 또한 17품에서도 "얻은 법이 없는 것을 최상의 정각(實無有法 得阿耨多羅三藐三菩提)"이라고 하였다. 어떤 것에 국한되거나 집착하지 아니하고, 한 물건이라고 이름 붙일 것도 없으며, 어떤 것이 최상의 법이라는 분별심조차 일어나지 않아야 한다. 이러기 때문에 열반과 번뇌가 하나이며, 부처와 중생이 곧 하나인 불이不二의 경지이다.

"이번 생을 마칠 즈음, 숨을 내쉬고 숨을 들이쉴 수 있는 보장이 있겠는가?!" 죽음이란 숨을 내쉬고, 들이쉬는 찰나에 있다. 그런데 공부도 제대로 완성하지 못하고 생을 마쳐, 숨 한 번 내쉬고 들이쉬지 못하면 곧 생을 마치는 것으로 '다시 윤회하는 것이니, 어찌 애통하지 아니한가?'라는 뜻이다. 결국 업보만 만들어서 다음 생을 또 받는 것에 대한 한탄이다.

30. 선도 생각하지 말고, 악도 생각하지 말라

問 六祖不會經書 何得傳衣爲祖 秀上座是五百人首座 爲敎授師
講得三十二本經論 云何不傳衣 師云 爲他有心 是有爲法所修所
證將爲是也 所以五祖付六祖 六祖當時祇是默契得 密授如來甚
深意 所以付法與他 汝不見道 法本法無法 無法法亦法 今付無法
時 法法何曾法 若會此意 方名出家兒 方好修行 若不信 云何明上
座走來大庾嶺頭尋六祖 六祖便問 汝來求何事 爲求衣 爲求法
明上座云 不爲衣來 但爲法來 六祖云 汝且暫時斂念 善惡都莫思
量 明乃稟語 六祖云 不思善 不思惡 正當與麼時 還我明上座父母
未生時面目來 明於言下忽然默契 便禮拜云 如人飮水 冷煖自知
某甲在五祖會中 枉用三十年功夫 今日方省前非 六祖云 如是
到此之時 方知祖師西來 直指人心 見性成佛 不在言說 豈不見阿
難問迦葉云 世尊傳金襴外 別傳何物 迦葉召阿難 阿難應諾 迦葉
云 倒卻門前刹竿著 此便是祖師之標榜也 甚深阿難三十年爲侍

者 祇爲多聞智慧 被佛訶 云 汝千日學慧 不如一日學道 若不學道
滴水難消

배휴가 물었다.

"6조 혜능은 경서를 알지 못하셨습니까? 그런데 어떻게 가사를
받았으며, 6조가 되셨습니까? 신수 스님께서는 500인 가운데 수좌였
고, 교수사로서 32본 경론을 강의하는 분이었는데, 어찌하여 가사를
받지 못한 것입니까?"

선사가 말했다.

"신수는 마음이 남아 있었고 유위법으로 수증修證했기 때문에 법을
받지 못한 것이다. 그래서 5조는 6조 혜능에게 (법을) 부촉한 것이다.
6조는 당시 묵묵히 계합해 증득했으며 여래의 심심한 진리를 수지했기
때문에 법을 부촉 받았다. 그대는 보지 못했는가? '법은 본래 법이므로
법이라고 할 것이 없다. 법이라고 할 것이 없는 법을 또한 법이라고
한 것이다. 지금 법이라고 할 것이 없는 법을 부촉했거늘 법과 법을
무슨 법이라고 하겠는가?' 만약 이 뜻을 안다면, 그제야 출가자라고
할 수 있으며, 또한 훌륭한 수행이라고 할 수 있다. 만약 믿지 못하겠다
면, 어떻게 다음 이야기가 있을 수 있겠는가? 혜명 상좌가 대유령까지
6조를 쫓아가자, 6조가 그에게 이렇게 물었다. '그대는 무슨 일로
왔는가? 옷을 구하기 위함인가? 법을 구하기 위함인가?' 명 상좌는
이렇게 답하였다. '옷을 구하기 위해서 온 것이 아니라 단지 법을
위해서 왔다.' 6조가 이렇게 말했다. '그대는 잠시 생각을 거두고,
선악을 모두 사량하지 말라.' 명 상좌가 (법을 듣고자 하는) 자세를

취하자, 6조가 말했다. '선도 생각하지 말고, 악도 생각하지 말라. 바로 이때 명 상좌의 부모미생지전 본래면목이 무엇인가? 그것을 내게 가져오라!' 명 상좌가 언하에 홀연히 깨달음에 계합하고, 바로 예를 갖추어 말했다. '마치 물을 마셔본 뒤에 차갑고 뜨거운 줄을 아는 것과 같이 5조의 회중에서 30여 년 동안 그릇되게 공부했습니다. 오늘에서야 비로소 지난날의 허물을 알았습니다.' 6조가 말했다. '그러하다.' 바로 이때가 되어서야 조사가 서쪽에서 온 이래 직지인심 直指人心·견성성불見性成佛이라고 한 것이 언설에 있지 않음을 알았을 것이다. 어찌 다음 문답을 알지 못하는가?

아난이 가섭에게 물었다. '세존께서 금란가사를 전한 이외에 다른 물건을 전한 것이 있습니까?' 가섭은 대답은 하지 않고, 아난을 부르자, 아난이 바로 '예.'라고 응답하였다. 가섭이 말했다. '문 앞의 찰간을 뽑아 버려라!' 이는 조사의 표방이다. 똑똑한 아난이 30년을 부처님 시자로 살았지만, 다문多聞한 지혜 때문에 오히려 부처님에게 '네가 천일 동안 배운 지혜는 하루 동안 도를 닦은 것만 못하다.'고 꾸중을 들었다. 혹 도를 배우지 않는다면, 한 방울의 물도 소화하기 어려운 것이다."

—— ❧ ——

"6조 혜능"에 대해 간략하게나마 알아보자. '한국불교조계종'할 때 조계종이라는 명칭은 혜능(638~713)이 '조계산曹溪山'에 머물렀던 지명에서 비롯되었다. 그만큼 한국의 선사상은 혜능의 사상을 근간으로 하며, 『육조단경六祖壇經』은 우리나라 선자들의 이정표 역할을 하고 있다. 혜능은 5조 홍인의 법을 받은 이래 수많은 일화를 낳은 인물이다. 6조에 관한 이설異說이 많은데, 이는 혜능 당시부터 오늘날까지 많은 수행자들이 6조를 추앙하고 있는 증거이다.

5조 홍인으로부터 배출된 대통 신수계를 북종北宗이라 하였고, 혜능계를 남종南宗이라고 하였다. 그런데 남종과 북종이라고 이름 붙인 선사가 혜능의 제자인 하택 신회(荷澤神會, 670~762)이다. 신회는 북종을 방계라고 하고 수행법을 점수漸修라고 주장하면서 북종선의 습선적인 병폐를 비판하였다. 반면 혜능은 달마의 법통을 이어받은 적손으로, 남종의 사상은 반야와 돈오頓悟라고 강조하였다. 6조 혜능 이후부터 선종의 역사는 큰 물줄기를 이루게 되었다. 아이러니하게도 혜능을 남종이라고 내세워 7조임을 자임하였던 하택 신회의 법맥은 단명하였고, 혜능의 다른 제자인 남악과 청원 문하에서 선종이 크게 발전하였다. 남악 문하에서 마조 도일(馬祖道一, 709~788)이 배출되었고, 청원 문하에서 석두 희천(石頭希遷, 700~791)이 등장한다. 곧 마조계로부터 임제종과 위앙종, 석두계로부터 운문종·조동종·법안종이 비롯되어 선의 르네상스가 시작되었다.

혜능은 옛날부터 유배지로 유명한 영남(현 광동성) 신주新州 사람이다. 혜능의 속성은 '노盧'씨로서 권세 있는 집안의 후예라는 등 여러 설이 있다. 혜능은 홀어머니를 모시고 근근이 땔나무를 팔아 생계를 이어가는 나무꾼이었다. 어느 날 그가 나무를 해 집으로 돌아가는 중에 잠깐 쉬어가기 위해 주막집에 들어갔다가, 방안에서 한 승려의 『금강경』 읽는 소리를 들었다. 마침 그때 승려가 '응무소주應無所住이생기심而生其心(응당히 주하는 바 없이 그 마음을 내라)' 구절을 읽었는데, 그 소리를 듣고 혜능이 출가를 결심한다. 당시 유명한 호북성 황매에 사는 5조 홍인 선사를 찾아가 제자가 되었다. 혜능은 광동성 소관 조계산 남화사南華寺에서 36년간 가르침을 펴며, 제자들을 지도하였다. 혜능은 임종할 무렵, 고향 생가터에 창건한 국은사(國恩寺, 廣東省 新興)에 머물다, 713년 열반에 들었다.

다시 본문으로 돌아가서, 혜능이 5조 홍인 문하에 들어가 스승과 첫 대면을 하였다. 아마도 홍인은 혜능을 법의 그릇감으로 눈여겨보았을 것이다. 어느 날 홍인은 제자들에게 게송을 한 수 지어오라고 하였다. 이 게송을 보고 깨달음의 인가를 받을 만한 제자에게 가사와 발우를 전하겠다는 뜻이었다. 며칠 후 홍인의 수제자였던 대통 신수(大通神秀, 606~706)가 게송을 써서 기둥에 붙였다. 그런데 혜능은 글자를 모르므로 동자에게 부탁해 게송을 지었다.

신수의 게송	혜능의 게송
몸은 보리의 나무요 　身是菩提樹	보리는 본래 나무가 없고 　菩提本無樹
마음은 밝은 거울대와 같다. 　心如明鏡臺	밝은 거울은 또한 대가 아니다. 　明鏡亦非臺
때때로 부지런히 닦아서 　時時勤拂拭	본래 한 물건도 없거니 　本來無一物
때가 끼지 않도록 할지어다. 　勿使惹塵埃	어느 곳에 티끌이 있으리오. 　何處惹塵埃

혜능의 게송을 본 5조 홍인은 혜능을 몰래 불러 전법의 증표인

가사와 발우를 전수하였다. 혜능은 의발衣鉢을 들고 영남지방으로 향하였다. 다음날 아침, 홍인의 법이 노행자(혜능)에게 전해졌고, 그가 의발을 들고 떠났다는 소리를 듣고, 몇 승려가 쫓아가 의발을 뺏으려 하였다. 이때 4품 장군이었던 혜명 화상은 기골이 장대하고 힘이 세었으므로 제일 앞장서서 혜능을 쫓아갔다. 그리고 대유령 고개에서 혜능과 만났다. 혜능은 가사와 발우를 큰 바위 위에 올려놓고 풀 덩굴 속에 몸을 숨긴 뒤에 말했다.

"이 의발은 믿음을 상징하는 것인데, 힘으로써 다투겠느냐?"

혜명이 의발을 들려고 하였으나 꿈쩍도 하지 않았다. 이에 놀라 혜능이 비범한 사람인 것을 알고, 혜능에게 예를 표한다. 이때 혜능이 혜명에게 내린 법어가 바로 '불사선 불사악 본래면목'이다. 선과 악이 일어나 판단하기 이전, 그때의 본성이 무엇이냐?는 뜻이다. 이 선문답은 공안으로 발전하였고, 『무문관』 23칙이기도 하다.

여기에서 언급한 직지인심·견성성불 문구는 선종을 표방하는 대표적인 문구이다. 승랑(僧亮, 444~509)이 『열반경집해』에 제일 먼저 언급했다고 한다. 선종의 선사로 이 문구를 제일 먼저 활용한 이는 황벽이다.

"아난이 가섭에게 물었다." 이후를 보기로 하자. 이는 『무문관』 22칙인 '가섭찰간'이다. 찰간이란 금동金銅의 보주寶珠를 맨 꼭대기에 장식한 장대로서, 절 앞에 세워서 사찰임을 표식하는 것이다. 인도에서는 사찰에 따로 기를 세우지 않고 탑 위에 장대를 세운 뒤, 그 위에 사리를 안치해 놓은 데서 찰간이라고 하였다. 고대로 우리나라에는 당간지주라는 것이 있었다. 깃대(幢竿)를 고정하기 위하여 사찰의 입구나 뜰에 세우는 두 개의 돌기둥인데, 여러 역할을 하였다. 어록에 등장하는 찰간은 법거량을 하여 상대를 제압했을 때 찰간을 들어 올리는 것으로 추측된다.

그렇다면 가섭이 아난을 불러놓고 아난이 대답하자, 왜 찰간을 뽑으라고 했는가?

마조의 제자 가운데 불교학자였던 분주무업汾州無業이 마조를 찾아와 물었다.

"삼승의 문학文學은 거의 그 뜻을 알았습니다만, 항상 선문에서 즉심시불이라고 설하는 뜻을 잘 알지 못하겠습니다."

"자네가 지금 알지 못한다고 하는 그 마음이 바로 그것이다. 그 외에 다른 것이 아니다."

곧 '모르고 있다'는 그 말을 하는 당체에 깨달음이 들어 있는 것이다. 가섭이 아난을 불렀을 때, 아난이 "예." 하고 대답하는데 본래면목이 답한 것이요, 그 속에 답이 있었다. 그런데 아난이 이것을 알아차리지 못하자, 찰간을 내리라고 한 것이다.

가섭은 선을 상징하고, 아난은 교를 상징한다. 따라서 이 공안은 교보다 선을 강조하는 측면을 복선에 깔고 있다. 또 같은 맥락에서, 혜능이 출가 전에 글자를 전혀 몰랐다는 것은 얼마든지 경전(교) 없이도 깨달을 수 있음을 의미한다. 즉 후대에 선종에서 '교외별전敎外別傳' 사상을 드러내기 위해 혜능을 '무식인'으로 만들었을 것이라고 추론된다. 혜능이 출가 전에 무진장 비구니가 『열반경』 독송하는 소리를 듣고 곧 그 뜻을 이해하고 출가를 발원했다는 기록이 있고,

혜능에게 삭발을 해준 인종印宗 법사는 『열반경』의 대가였다. 곧 혜능이 일자무식인이 아니라 출가 전에 경전에 해박한 인물이었을 것으로 추론하기도 한다.

또한 『유마경』은 선경으로 많은 선사들이 이 경전을 의지한다. 『유마경』의 중심인 「입불이법문품」에서 불이不二에 대해, 유마거사에 앞서서 말한 32보살의 발언은 방편(敎)을 상징하고, 유마가 한마디도 하지 않은 것은 깨달음(禪)을 표현한 것으로 본다.(유마가 침묵한 것은 단순한 침묵이 아니다. 절대적 경지는 어떤 언구로서도 표현할 수 없고, 어떤 말로도 드러낼 수 없는 절대 평등의 경지임을 시사) 유마의 일묵一默을 선종에서는 '우레와 같은 침묵'이라고 표현하면서 유마의 침묵이 불립문자의 세계를 상징하는 것으로 본다. 이렇게 선종에서 유마의 일묵을 강조하는 것은, 교보다 선적인 측면을 강조하기 위한 것으로 볼 수 있다. 8세기 마조의 제자들 중에도 강사 출신(분주무업·남전·홍선유관·양좌주 등)이 많은데, 이들이 모두 사교입선捨敎入禪하였다. 이 점은 8세기 조사선이 발전하면서 교종보다는 선종 선사상이 뛰어나다는 점을 복선으로 하고 있다.

"한 방울의 물도 소화하기 어렵다."가 뜻하는 바는, 제대로 수행하지 않는다면 한 방울의 물도 마실 자격이 없음을 말한다. 성철 스님도 생전에 선방에서 참선하다 조는 승려들에게 장군 죽비를 쩍 내리치며 "밥값 내놔라 도둑놈아!"라고 하셨고, 상좌들에게 "밥값 하라!"는 말씀을 누누이 하셨다. 이런 의미로 저 말을 이해해도 무방하리라고 본다.

31. 진정한 자유인은 어떤 존재인가?

問 如何得不落階級 師云 終日喫飯 未曾咬著一粒米 終日行 未曾
踏著一片地 與麼 (疑同麼) 時 無人我等相 終日不離一切事 不
被諸境惑 方名自在人 更時時 念念不見一切相 莫認前後三際
前際無去 今際無住 後際無來 安然端坐 任運不拘 方名解脫 努力
努力 此門中千人萬人 只得三箇五箇 若不將爲事 受殃有日在
故云 著力今生須了卻 誰能累劫受餘殃

배휴가 물었다.

"어떻게 해야 계급에 떨어지지 않습니까?"

황벽이 말했다.

"하루 종일 밥을 먹지만 한 톨의 쌀도 씹지 않으며, 하루 종일
걷지만 한 평도 밟지 않는 것이다. 이러한 때에 인상·아상 등이 없으며,
하루 종일 일체의 모든 일을 여의지 않으면서 모든 경계에 미혹되지

않는 자를 '자재인'이라고 할 수 있다. 또 어느 시간 순간순간마다 일체 모습을 보지 않고, 전후 삼제도 인식하지 않는 것이다. 과거는 지나갔고, 현재는 머물러 있지 않으며, 미래는 아직 오지 않았다. 편안하게 단정히 앉아 흘러가는 것에 맡겨 두어 구속됨이 없어야 해탈이라고 할 수 있다. 노력하고 또 노력하라. 이 종문의 천 명 만 명 가운데 다만 3~5명만이 도를 얻을 뿐이다. 만약 장차 이 일을 반드시 마치지 못한다면, 언젠가는 괴로움을 받을 것이다. 그러니, 알라. 이번 생에 힘을 다 해서 일을 마쳐라. 누가 여러 겁 동안 나머지 괴로움(業報)을 받아야 하는가?!"

———— ❧ ————

"계급에 떨어지지 …?!"이 대화는, 불교학에서 전형적으로 정해 놓은 불교의 수행 과위가 있지만, 여기에 구애됨이 없는 것을 말한다. 수행 과위로 초기불교에서는 4과(수다원·사다함·아나함·아라한)를 말하고, 대승경전 『화엄경』에서는 52위(五十二位; 10信·10住·10行·10回向·10地·等覺·妙覺)로 나누며, 『유가론』에서는 42위, 『범망경』·『인왕반야경』·『보살영락본업경』에서는 42위와 52위의 수행 과위로 나눈다. 이런 내용은 앞에서도 몇 차례 나왔었다. 그런데 황벽의 사상(조사선)은 돈법頓法이므로 수행의 과위 자체를 필요로 하지 않는다. 앞에서 나왔듯이, '실로 일정한 법이 없는 것이 무상정등각'이라고 하였으니 어떤 계위에 떨어질 것이 있겠는가?!

"모든 경계에 미혹되지 않는 자가 자재인"이라고 한 부분을 보자.

어떤 사람을 만나든 상대에 집착하지 않고, 어떤 일을 하든 걸림 없는 경지에 머물러 있는 사람이다. 곧 시간적으로나 공간적으로 머물러 있는 곳에서 걸림 없는 무주심·무심의 상태를 말한다. 간혹 '출가하면 자유인이 된다'라는 포스터가 있다. 혹 오해를 하여 출가하자마자 계율이나 승가에 구속되지 않고, 자유롭게 살아도 된다는 의미처럼 들릴까 염려스럽기도 하다.

당나라 때, 선사 대주 혜해는 원 율사가 "화상께서는 도를 닦을 때 공력을 들입니까?"라고 묻자, "배고프면 밥 먹고 피곤하면 곧 잠잔다."고 하였다. 바로 이런 경지가 자유이다. 새가 허공을 날은 뒤에 허공에 흔적을 남기지 않듯이, 해탈하였어도 '수행하였다', '깨달았다'는 관념조차 없는 경지에 머물러 행동하는 자를 진정한 자유인이라고 할 수 있다.

"과거는 지나갔고, 현재는 …"을 보자. 과거·현재·미래는 전제·중제·후제와 같은 의미이다. 아함부 『일야현자경』에 "과거를 쫓지 말고, 아직 오지 않은 미래에 염려하지 말라. 과거는 이미 지나갔고, 미래는 아직 오지 않은 것, 오로지 현재 일어난 것들을 관찰하라."는 구절이 있다. 곧 현재 시점에 머물러 수행에 전념하라는 의미이다.

그런데 대승불교에서는 차원이 조금 다르다. 과거·현재·미래라고 하는 것도 이름 붙인 것일 뿐 시간은 잠시도 머물러 있지 않다. 어느 시간, 어느 마음이 '참 마음'이라고 이름 붙일 수 없듯이, 마음이라고 하는 것도 시간적인 정의라는 것이 있을 수 없으며, 현재라고 하는 것 또한 정의할 수 없다. 앞의 한 생각이 흘러갔으나 뒤의 한 생각이 아직 이르지 않았을 때, 이 중간이 바로 현재의 생각이다. 그런데 현재의 생각이란 존재하지 않는다. 바로 이 중간의 공백을 삼제탁공이라고 한다. 그래서 '과거 마음도 얻을 수 없고, 현재 마음도 얻을 수 없으며, 미래의 마음도 얻을 수 없다'고 한 것이다.

"노력하고 또 노력하라. 이 종문의 천 명·만 명 가운데 다만 3~5명만이 도를 얻을 뿐이다." 필자는 이 부분에 한동안 마음이 꽂혀 있었다. 불교는 깨달음의 종교로 교단이 형성되었다. 석가모니 부처님은 신神이 아닌 선지식·스승과 같은 존재인지라 신앙의 종교가 아니라 수행의 종교이다. 그런데 승려들 중에 선방에서 열심히 정진하거나 오롯이 학문하는 구도자는 줄고, 수행과 무관한 일을 추구하는 승려가 적지 않다. 6바라밀에서 정진의 의미는 바른 법(善法)과 그렇지 못한 법(不善法)을 판단해서 바르게 노력하는 것이다. 정진의 의미를 새기고 새겨야 한국불교가 바로 설 수 있을 것이다.

"이 일을 반드시 마치지 못한다면…", 도대체 무슨 일을 마친다는 것인가? 이해를 돕기 위해 방거사의 시를 보자.

"마음이 그렇듯이 경계도 그러하여 실다움도 없고 허망함도 없다.
유有에도 관여하지 않고 무無에도 또한 머물지 않으니
이는 성현이 아니요, 일을 마친 범부일 뿐이다."

'일을 마친다'는 것은 모든 분별심과 집착이 사라진 해탈의 경지에 이른 것을 말한다. 그러니 깨닫지 못하면, 끝없는 고해에 윤회하여 고통 받는다는 황벽의 간절한 노파심이 담겨 있다.

완르으록 宛陵錄

宛陵錄

1. 조사선과 간화선이 최상의 법인가?

🦋

裴相公問師曰 山中四五百人 幾人得和尚法 師云 得者莫測其數
何故 道在心悟 豈在言說 言說祇是化童蒙耳 問 如何是佛 師云
卽心是佛 無心是道 但無生心動念ㅡ 有無長短 彼我能所等心 心
本是佛 佛本是心 心如虛空 所以云 佛眞法身 猶若虛空 不用別求
有求皆苦 設使恆沙劫行六度萬行 得佛菩提 亦非究竟 何以故
爲屬因緣造作故 因緣若盡 還歸無常 所以云 報化非眞佛 亦非說
法者 但識自心 無我無人 本來是佛 問 聖人無心卽是佛 凡夫無心
莫沈空寂否 師云 法無凡聖 亦無沈寂 法本不有 莫作無見 法本不
無 莫作有見 有之與無 盡是情見 猶如幻翳 所以云 見聞如幻翳
知覺乃眾生 祖師門中只論息機忘見 所以忘機則佛道隆 分別則
魔軍熾

배휴가 물었다. "산중에 400~500명이 있는데, 몇 사람이 화상의 법을 얻었습니까?"

황벽이 말했다. "법을 얻은 자는 그 수를 헤아릴 수 없다. 왜냐하면 도는 마음의 깨달음에 있는 것이다. 어찌 언설에 있겠는가? 언설이란 단지 (우는) 어린아이를 달래기 위해 필요할 뿐이다."

배휴가 물었다. "부처가 무엇입니까?"

황벽이 말했다. "마음이 곧 부처이다. 무심無心이 도이다. 다만 마음에 생각으로 있음과 없음, 길고 짧음, 상대와 나, 주관과 객관 등 이분법적 분별심을 내지 않는 것이 (참다운) 무심이다. 마음은 본래 부처요, 부처는 이 마음을 근본으로 한다. 마음은 허공과 같다. 왜냐하면 '부처의 참된 법신은 허공과 같다.'고 하였기 때문이다. 달리 (부처를) 구할 필요가 없다. 구함이 있으면, 고통이 따른다. 설사 억겁이 지나도록 6바라밀과 온갖 만행을 닦아 부처의 보리를 얻는다고 하더라도 완전한 깨달음이 아니다. 왜냐하면, 인연의 조작에 속하기 때문이다. 인연이 다하면, 마침내 무상하게 되어 있다. 그래서 '보신과 화신이 참된 부처가 아니며, 또한 설법자가 아니다.'라고 하였다. 다만 자신의 마음을 잘 알아 아상·인상이 없는 것, 그것이 본래 부처이다."

배휴가 물었다. "성인의 무심이 곧 부처라면, 범부의 무심은 공적에 빠진 것이 아닐까요?

황벽이 말했다. "법에는 범부와 성인이 없으며, 또한 공적에 빠지는 일이 없다. 법은 본래 어디에도 있지 아니하다. 없다는 견해도 짓지 말라. 법은 본래 없지 아니하다. 있다는 견해도 짓지 말라. '있다'와 '없다'는 견해는 모두 망령된 견해로서 마치 환상이나 마술과 같다.

'보고 듣는 것이 환상이나 마술과 같은 것인데, 이렇게 지각하는 이가 바로 중생이다.' 조사문중에서는 다만 생각을 쉬고, 그릇된 견해를 내려놓는 것을 주장할 뿐이다. 그러므로 그릇된 견해를 잊으면 불도가 융성함이요, 분별하면 마구니가 치성할 것이다.

———— ✿ ————

"언설이 우는 아이를 달래기 위한 것…"은 앞에서도 언급된 내용이다. 즉 '여래의 설법은 다 사람을 교화하기 위한 것으로, 마치 누런 잎을 황금이라고 속여 우는 아이를 달래는 것'과 같다는 것이다.

"마음은 허공과 같다."의 허공 비유는 이 어록에 몇 번 언급되어 있다. 마음(法身)을 허공에 비유한 것은, 마음은 청정한 본성을 바탕으로 하기 때문에 영원히 언제 어디서나 존재한다는 의미이다. 또한 분별심이 사라진 경지라고도 표현하는데, 허공처럼 걸림 없는 마음이기 때문이다.

"인연의 조작에 속하기 때문이다."를 보자. 황벽의 선은 돈오돈수 사상이므로, 이 어록에서는 깨달음을 억지로 조장해서 수행해 증득하는 것이 아님을 기본으로 한다. 이어지는 문장에서 말하듯이 "인연이 다하면, 마침내 무상하게 되어 있다."는 것은 바로 유위법을 말한다. 반대로 곧 깨달음·열반·해탈이란 영원히 변치 않는 무위법에 속한다. 그런데 인연에 의한 것이라면, 시간이 흐르면 무상하게 되어 있다. 진정한 해탈은 무상이나 무아·고통을 여읜 것이다. 그래서 무상·고·

무아의 반대인 상·락·아·정을 열반4덕이라고 한다. 조계종은 간화선 중심이지만 이는 수행의 방법론이요, 이론적으로는 조사선이다. 바로 이 어록에 조사선의 정수가 담겨 있다고 해도 과언이 아니다.

"보신과 화신이 참된 부처가 아니며…" 앞에서 몇 번 언급되었던 내용이다.

"자신의 마음을 잘 알아 아상·인상이 없는 것이 본래 부처"라고 한 부분을 보자. 부처님은 중생에게 아상이 없었다면 '그대가 바로 부처'라고 말하지 않을 것이요, 말할 필요조차도 없다. 중생이 번뇌를 일으키고, 아상을 내기 때문에 '번뇌가 제거된 그 자리가 바로 부처'라고 말하는 것이다. 『금강경』 14품에 "아상·인상·중생상·수자상이 곧 상이 아니다. 왜냐하면 모든 상을 여읜 즉 '제불'이라고 이름한다(我相 卽是非相 人相衆生相壽者相 卽是非相 何以故 離一切諸相 則名諸佛)." 라고 하였다. 또한 같은 품에 "보살은 응당히 일체의 상을 여의고, 아뇩다라삼먁삼보리를 발해야 한다(菩薩 應離一切相 發阿耨多羅三藐三菩提心)."라고 하였다. 이 14품 제목이 이상적멸분離相寂滅分이다. 곧 '상을 여읜 그 자리가 바로 적멸의 자리'라는 뜻이요, 상을 여읜 즉 바로 부처의 경지라는 뜻이다.

이 어록에는 '즉심시불卽心是佛'이란 문구가 많이 나온다. '즉심시불'은 당나라 조사선 시대, 화두나 다름없다. 그런데 이를 화두로 삼아 수행하는 이는 극히 드물다. 이보다 수행하기 적합한 1,700공안이 있는데도 간화선 수행자가 점점 줄고 있다. 황벽의 어록을 공부하면서 진지하게 수행에 대해 고민해보자.

혜능 선사가 "불법은 세간에 있으며, 세간을 떠난 진리는 없다(佛法在世間 不離世間覺)."고 했는데, 세간의 말을 빌려 불법을 견주어 보자. 스포츠를 연구하는 어느 심리학자가 이런 말을 하였다. "위대한 선수와 일반 선수를 가르는 기준은 신체와 기술적인 능력이 아니라 정신력이다. 과거 일을 잊고, 미래에 일어날 일도 생각하지 않고, 현 순간에 몰입하는 능력이다. 지금 이 순간에 몰입을 얼마나 잘하느냐가 위대한 선수를 만든다." 또한 이세돌 바둑기사는 "밥을 먹건 술을 먹건 친구들과 당구를 치건 무슨 일을 하건 간에 항상 내 머리 속에는 바둑판이 있습니다."라고 하였다. 그 하나에 얼마나 열중하느냐에 승패가 있다고 본다. 구한말 수월(1855~1928) 스님의 말씀에도 "도를 닦는 것은 마음을 모으는 거여. 별거 아녀, 하늘천 따지를 하든지, 하나 둘을 세든지, 주문을 외우든지 간에 어쨌든 마음을 모으는 겨. 무엇이든지 한 가지만 가지고 끝까지 공부해야 하는 겨……"라고 하였다.

이세돌과 스포츠인들의 몰입, 그리고 수월 스님이 말한 삼매가 크게 다르지 않다고 본다. 조사선 사상이 매우 훌륭한 것만은 확실하다. 그리고 간화선이 발달하여 우리에게 좋은 수행법을 제공하지만, 관건은 우리가 얼마나 실천하는가에 달려 있다. 실천 없는 불교가 의미가 없듯이 실천 없는 선은 더더욱 있을 수 없다. 조사선·간화선은 최고도 아니지만, 그렇다고 최하도 아니다. 그저 있는 그대로의 선법이다. 문제는 화두가 중요한 것이 아니라 불자로서 공부하는 마음이 얼마나 간절하냐에 달려 있는 것이니, 마음가짐에 따라 최고라고도 할 수 있지만, 마음이 없다면 별 볼일 없는 선법이 된다. 무엇보다도 꾸준히 밀고 나가는 정진력, 장원심長遠心이 절실히 필요하다. 이것만이 불교가 살길이다.

"진리는 본래 생겨남이 없고, 또한 지금 소멸하지도 않는다."는 내용은 『전심법요』 제14에도 언급되었다. 원 출처는 『유마경』 「입불이법문품」이다.

"보고 듣는 것이 환상이나 마술과 같은 것인데, 이렇게 지각하는 이가 바로 중생이다." 이 내용은 『능엄경』 6권에 출처를 둔다.

2. 인간을 본위로 하는 조사선의 근본사상은 마음이다

問 心旣本來是佛 還修六度萬行否 師云 悟在於心 非關六度萬行
六度萬行盡是化門接物度生邊事 設使菩提 眞如 實際 解脫 法身
直至十地 四果聖位, 盡是度門 非關佛心 心卽是佛 所以一切諸
度門中 佛心第一 但無生死煩惱等心 卽不用菩提等法 所以道
佛說一切法 度我一切心 我無一切心 何用一切法 從佛至祖 並不
論別事 唯論一心 亦云一乘 所以十方諦求 更無餘乘 此衆無枝葉
唯有諸貞 (疑同眞) 實 所以此意難信 達磨來此土 至梁魏二國
祇有可大師一人 密信自心 言下便會 卽心是佛 身心俱無 是名大
道 大道本來平等 所以深信含生同一眞性 心性不異 卽性卽心
心不異性 名之爲祖 所以云 認得心性時 可說不思議

배휴가 물었다.

"마음이 이미 본래 부처인데, 오히려 6도(6바라밀)와 만행을 닦을 필요가 있습니까?"

황벽이 답하였다.

"깨달음은 오직 마음에 있는 것이요, 6도 만행과는 상관이 없다. 6도 만행이 다 교화의 방편이니, 중생을 이끌기 위한 것이다. 설령 보리·진여·실제·해탈·법신, 그리고 바로 10지와 4과에 이른다고 할지라도 모두 방편문이요, 부처의 마음과는 상관이 없다. 마음이 곧 부처이다. 모든 제도하는 방편문 가운데 부처의 마음이 제일이다. 다만 생사 번뇌의 마음이 없다면 곧 보리 등의 법도 필요치 아니하다. 그러므로 말씀하셨다. '부처님께서 설한 일체법은 아我의 일체 마음을 이끌기 위한 것이요, 나에게 일체 마음이 없다면, 어찌 일체법이 필요하겠는가!' 부처로부터 조사에 이르기까지 또한 다른 일을 논하지 않았다. 오직 일심만을 논했으며, 또한 일승을 말했다. 그래서 '시방을 두루 살펴 구해도 다시 다른 승이 없다. 이 대중은 곁가지가 아니라 잘 익은 열매와 같다.'라고 하셨다. 그러나 이 뜻은 믿기 어렵다. 달마가 이 땅에 와서 양나라와 위나라에 머물 때, 오직 혜가 대사 한 사람만이 면밀히 자심自心을 믿고 언하에 문득 즉심시불을 깨달았다. 신체와 마음을 모두 잊는 것을 '대도大道'라고 한다. 대도는 본래 평등하다. 왜냐하면 중생이 (부처와 더불어) 동일한 진성임을 깊이 믿기 때문이다. 마음과 본 성품은 다르지 않다. 본성이 곧 마음이다. 마음이 본성과 다르지 않은 이를 '조사'라고 한다. 그러므로 '마음의 불성을 체득했을 때, 이를 불가사의한 일'이라고 설하는 것이다.

"깨달음은 오직 마음에 있는 것이요, 6도 만행과는 상관이 없다."는
부분은 앞에서 몇 차례 언급되었던 내용이다. 점점 닦아 수행해 얻는
것이 아니라 본래 깨달아 있는 돈오이기 때문이다. 그래서 "생사
번뇌의 마음이 없다면 곧 보리 등의 법이 필요치 아니하다."고 했는데,
이는 깨달아 있는 본각인데 중생이 괜히 번뇌를 일으키기 때문에
법문이 필요한 것이라는 의미이다.

"부처로부터 조사에 이르기까지~또한 일승을 말했다." 일승은 『법화
경』에서 주로 설하지만, 『화엄경』이나 『유마경』 등에서도 설한다.
일승이란 모든 중생을 부처의 세계인 깨달음에 들도록 인도하는 수레
라는 뜻이다. 곧 모든 중생이 차별 없이 깨닫는다는 일불승一佛乘으로
대승大乘과 같은 의미이다. 『유마경』에서는 성문·연각 수행이 잘못된
것이라고 비판하지만, 『법화경』은 성문과 연각도 성불할 수 있다며
일승 차원에서 포용적이다. 곧 『법화경』은 일불승만을 지향하지만,
중생의 근기에 맞춰 방편(성문·연각·보살)을 시설했음을 밝히고 있
다. 각각의 방편을 부정하는 것이 아닌, 긍정하면서 일승의 참 의미를
밝히기 위해 삼승방편三乘方便 일승진실一乘眞實임을 밝히고 있다.
일승을 설명하기 위해 『법화경』에서는 일곱 가지 비유를 들고 있다.
이 가운데 '화택' 비유를 보자.

　오래된 큰 저택에 불이 났다. 장자는 밖으로 나왔으나 아이들이
보이지 않았다. 장자는 애들에게 '위험하니, 나오라'고 소리쳐도 나오
지 않자, 방편으로 장난감 수레(羊車·鹿車·牛車)를 주겠다고 한다.

아이들이 그 소리를 듣고 밖으로 나오자, 장자는 아이들에게 세 수레가 아닌 그보다 더 좋은 백우거(大車)를 주었다. 장자는 부처님을, 아이들은 어리석은 중생을 비유하며, 방편으로 세 수레(三乘)를 주겠다고 한 것은 성문(양거)·연각(녹거)·보살(우거)승을 비유한 것이다. 그리고 백우거는 일불승一佛乘을 뜻한다.

또 장자궁자長子窮子와 보소화성寶所化城 비유도 일승을 위한 방편설이다. 화성 비유를 간단히 보면, 길잡이가 사람들과 함께 멀리 보석을 찾으러 가는데, 사람들이 지쳐서 퇴굴심을 내자, 길잡이가 화성을 지어 쉬어가게 하는 내용이다. 즉 중생들이 생사에 허덕이며 깨달음의 길(일불승)이 너무 멀다고 포기할까봐 중도에 성문·연각의 경지를 설한 것이다. 그래서 중생들이 이승(성문·연각)의 경지에 오르면, 그곳이 최종 목적지가 아니라고 말하고, 다시 일불승으로 이끈다. 이러면서 『법화경』에서는 '한 사람도 성불하지 않는 자가 없다(無一不成佛).'라고 하였다. 『능가경』이나 『금강경』이 선경禪經이라고 하지만, 두드러지게 성불사상이 드러나지 않는 반면 조사선을 잘 설명해줄 수 있는 경전이 『법화경』이라고 생각한다. 『유마경』이 선적인 경지를 잘 표현했다면, 『법화경』은 본각사상이나 본래성불을 비유로 묘사해 놓았다고 본다.

달마의 제자 혜가 대사는 어떤 인물인가?

"혜가慧可"(487~593)는 달마를 만나기 이전부터 출가자 신분이었다. 혜가가 40세 무렵, 선정 속에서 '큰 선지식이 있거늘 여기에만 있느냐?'는 소리를 관觀하고, 자신의 이름을 '신광神光'이라 고친 뒤,

달마를 찾아갔다. 혜가는 눈발이 날리는 속에서 구법의 의지를 보이기 위해 팔을 잘라 보였다. 혜가가 달마에게 물었다.

"스님, 저의 마음이 너무 편안치 못합니다. 어떻게 하면, 이 마음을 편안하게 할 수 있겠습니까?"
"그래 그렇다면, 그대의 불안한 마음을 한번 가지고 오너라. 가지고 오면 너의 마음을 안심시켜 주리라."

달마는 이후 '혜가'라는 법명을 주었다. 이것이 그 유명한 안심安心법문이다. 혜가는 6년간 스승을 섬기며 달마에게 가르침을 받고 법을 전해 받았다.[1] 달마가 하남성 웅이산熊耳山에서 입적하자, 그의 유골을 강기슭에 묻었다. 혜가는 업도鄴都에서 선법을 열며 교화에 주력했는데, 많은 이들이 마어魔語라며 그를 비방하였다. 당시 선이 뿌리내리지 못했기 때문이다. 우리나라 조계종의 종조인 가지산문의 도의(道義, ?~825) 국사도 당나라에서 법을 받고 돌아와 신라에서 법을 펼칠 때, 당시 사람들로부터 마어라는 비난을 받았다. 선각자는 외로운 법인가 보다. 혜가는 3조 승찬에게 법을 물려주고 업도에서 천민들과 어울리며 막행막식을 하였다. 혜가를 이해하지 못한 대강사 변화법사가 재상에게 밀고함으로써 혜가는 처형 당해 입적하였다.

---

1 『역대법보기』에 의하면, 달마의 제자로 도육道育·담림曇林·도부道副·니총지尼總持 등이 달마의 법을 받았다고 전한다. 그런데 『속고승전』에는 상거사·화공·언공·법림·승나·혜만 등 여러 제자를 언급하고 있다.

"마음이 불성과 다르지 않은 이를 '조사'라고 한다." 조사祖師의 '조'는 뿌리의식의 표현이다. 만물의 시초요, 근본이라는 의미를 가지고 있다. 노자는 이것을 천지의 근원, 만물의 스승이라고 하였다. 『보림전』에는 조사의 의미에 대해 "불심의 근본을 밝혀 조금도 착오가 없는 생활방식이 깨달음과 합치하는 자를 '조'라고 했으며, '대도大道에 통달하지만 대도에 무한하며, 불심에 통하지만 불심에 어떤 경계가 없으니, 범부와 성인 모두에 발자국을 남기지 않고 초연한 것을 '조'라고 이름한다."라고 하였다.

8~10세기 후반까지를 조사선이라고 한다. 조사선은 인도 정통적인 교설을 바탕으로 하는 것이 아니라, 중국에 와서 중국의 문화(노장사상)가 가미되어 중국화된 선으로 탈바꿈된 선을 말한다.

임제는 현재의 마음이 언제나 변하지 않고 살아 있는 사람을 조사라고 호칭한다고 하여, 어떤 것에도 의지하지 않는 무위진인無位眞人을 조사라고 하였다. 결국 조사선은 인간의 기준점에서 인간을 본위로한다. 우리나라의 조사선 우위 사상은 9산선문 가운데 성주산문 무염의 「무설토론無舌土論」과 사굴산문 범일 국사의 「진귀조사설眞歸祖師說」에 드러나 있다.

3. 부처와 중생, 모두 다 얻을 것이 없다

問 佛度衆生否 師云 實無衆生如來度者 我尚不可得 非我何可得
佛與衆生 皆不可得 云 現有三十二相 及度衆生 何得言無 師云
凡所有相 皆是虛妄 若見諸相非相 卽見如來 佛與衆生 盡是汝作
妄見 只爲不識本心 謾作見解 纔作佛見 便被佛障 作衆生見 被衆
生障 作凡作聖 作淨作穢等見 盡成其障 障汝心故 總成輪轉 猶如
獼猴放一捉一 無有歇期

배휴가 물었다. "부처님께서는 중생을 어떻게 제도하십니까?"

황벽이 말했다. "실로 여래는 중생을 제도한 적이 없다. '아도 오히려
얻지 못하는데, 비아非我를 어찌 얻으려는가?' 부처와 중생 모두 다
얻을 것이 없다."

배휴가 물었다. "부처님은 32상으로 모습을 나타내었고 중생제도를
하였거늘, 어찌하여 얻을 수 없다고 하십니까?"

선사가 말했다. "경전에 '신체적 특징들은 모두 헛된 것이니, 신체적 특징을 신체적 특징 아닌 것으로 본다면 바로 여래를 볼 수 있으리라.' 라고 하였다. 부처와 중생은 다 그대가 지은 헛된 견해이다. 다만 본심을 알지 못하므로 부질없는 견해를 일으키는 것이다. 부처라는 견해를 일으키면 문득 부처라는 장애를 입고, 중생이라는 견해를 일으키면 중생이라는 장애를 입는다. 또한 범부라고 하는 것이나 성인이라고 하는 것, 깨끗하고 더럽다는 등의 견해는 모두 장애이다. 그대 마음에 장애가 있으므로 계속 (번뇌의) 굴림을 받는다. 마치 원숭이가 무언가를 놓았다가 다시 잡았다가를 반복하여 쉴 기약이 없는 것과 같다."

—— ❧ ——

"실로 여래는 중생을 제도한 적이 없다." 어찌하여 부처님은 45년간 법을 설해 중생을 제도하고도 제도하지 않았다고 하는가? 이해를 위해 『금강경』 25품을 보자. "실로 한 중생도 여래가 제도하지 않았다. 만약 여래가 중생을 제도했다고 한다면, 여래는 아·인·중생·수자상이 있는 것이다(實無有衆生 如來度者 若有衆生 如來度者 如來則有我人衆生壽者)." 즉 중생을 제도했다고 한다면 자신이 제도했다는 관념과 집착에 빠져 있음을 내포한다. 곧 상을 여읜 경지의 부처가 참 부처임을 시사한다. 또 『금강경』 3품에서 "실로 한 중생도 멸도시키지 않았다(實無衆生 得滅度者)."라고 하였다. 우리가 지금 공부하고 있는 어록 내용으로 보면 상을 여읜 무심을 말하지만, 또 다른 측면에서는 중생은 본래 중생이 아니라 깨달아 있는 부처인데, 굳이 '부처라는 중생을 제도했다고 말할 필요가 있느냐?'는 의미이다. 『능가경』에서도 부처님은 "나는 어느 날 밤 정각을 얻은 날부터 반열반에 들 때까지 한 글자도 설하지 않았다."고 하였다. 『능가경』에서는 부처님께서 49년간 한 글자도 설하지 않았다고 하지만, 49년 동안 설법하신 것은 언어와 문자를 빌려 깨달음을 표현할 수밖에 없음을 의미한다. 이제까지 언급한 내용들을 요약하면, 6조 혜능의 말대로 일체중생이 '바로 성불해 마친 상태(直了成佛)'이기 때문이다.

"아도 오히려 얻지 못하는데, 비아를 어찌 가히 얻으려는가?"는 『유마경』「불이법문품」에 출처를 둔다. 『유마경』에서는 "아我와 무아無我가 둘인데, 아도 오히려 얻지 못했는데, 어찌 비아非我를 가히 얻으려는가? 아의 참다운 실상을 관하면, 두 가지 견해를 일으키지 않는다."고 하였다. 곧 형태(色)의 성품을 꿰뚫어보면, 색의 성품 그대로가 공이듯이, 색이 곧 공이다. 그러니 열반 세계는 좋은 것이니 취해야 하고, 세간은 번뇌이니 나쁘다고 버릴 것이 아니다. 또한 부처 경지는 꼭 얻어야 하고, 중생은 버려야 할 것이 아니다. 그 어떤 것도 집착하면 번뇌이니, 버리고 취하는 분별심이 없어야 한다.

"신체적 특징들은 모두 헛된 것이니…"는 『금강경』 5품(如理實見分)에 출처를 둔다. 이 게송은 『금강경』의 대표적인 4구게로, 무상계無相戒라고 한다. 『법화경』에서는 부처님은 일상一相 일미一味의 법을 안다고 하면서 이렇게 표현하고 있다. "이른바 해탈상解脫相 이상멸상離相滅相 구경열반究竟涅槃 상적멸상常寂滅相으로 마침내 공空에 돌아간다." 즉 번뇌의 속박으로부터 벗어난 해탈의 모습이고, 생사 번뇌를 완전히 끊은 경계인 멸상滅相인 것이다. 그렇기 때문에 '형상으로 보지 말라'는 것은 육안이 아닌 법안法眼으로 볼 것을 강조한다.

"마음에 장애가 있으므로 계속 굴림을 받는다."는 자신의 뚜렷한 주관과 법력이 부족해 주체적인 삶을 꾸리지 못하고, 늘 피동적으로 번뇌에 이끌려 가는 것을 뜻한다.

"원숭이"는 마음을 비유한 것이다. 곧 원숭이가 이 나무 저 나무로 순간순간 옮겨 다니듯이 마음이 한 곳에 머물지 못하는 것을 비유한다. 이렇게 이리저리 옮겨 다니는 그 번뇌를 한 곳에 묶어두기 위해 불교에서 선정을 중시한다. 본서 말미에 원숭이에 대한 서술이 한 번 더 나온다.

4. 부처라고 수승하지도 않고, 중생이라고 모자라지도 않다

一等是學 直須無學 無凡無聖 無淨無垢 無大無小 無漏無爲 如是
一心中 方便勤莊嚴 聽汝學得三乘十二分敎一切見解 總須捨卻
所以除去所有 唯置一床 寢疾而臥 祇是不起諸見 無一法可得
不被法障 透脫三界凡聖境域 始得名爲出世佛 所以云 稽首如空
無所依 出過外道 心旣不異 法亦不異 心旣無爲 法亦無爲 萬法盡
由心變 所以我心空故諸法空 千品萬類悉皆同 盡十方空界同一
心體 心本不異 法亦不異 祇爲汝見解不同 所以差別 譬如諸天共
寶器食 隨其福德飯色有異 十方諸佛 實無少法可得 名爲阿耨菩
提 祇是一心 實無異相 亦無光彩 亦無勝負 無勝故無佛相 無負故
無衆生相 云 心旣無相 豈得全無三十二相八十種好化度衆生耶
師云 三十二相屬相 凡所有相 皆是虛妄 八十種好屬色 若以色見
我 是人行邪道 不能見如來

"최고로 배워야 할 것은 바로 배울 것이 없는 것이다. 범부와 성인이 없고, 깨끗하고 더러운 것이 없으며, 크고 작은 것도 없고, 번뇌가 없는 무위 경지이다. 이처럼 일심 가운데 방편으로 부지런히 장엄하는 것이다. 그대가 3승 12분교를 배웠다고 할지라도, 모든 (견해를) 내려놓아야 한다. 그래서 경에서 '있는 것을 모두 제거하고, 오직 한 침대 위에 누워 있다.'라고 하였다. 어떤 견해든 일으키지 말라. 한 법도 얻을 것이 없으니, 법에 걸림이 없어야 삼계 범부와 성인의 경계를 초탈한다. 이때에야 비로소 세간을 벗어난 부처라고 할 수 있다. 그래서 경에서 '허공처럼 의지할 바가 없는 분께 머리 숙여 예를 올려 외도로부터 벗어난다.'고 하였다. 마음이 이미 다르지 않으므로 법도 또한 다르지 않다. 마음이 이미 무위이므로 법도 또한 무위이다. 만법이 다 마음의 변화로 나타난 것이다. 나의 마음이 공하기 때문에 제법도 공하며, 천만 가지가 모두 이와 같다. 온 시방의 허공계가 일심의 본체이다. 마음이 본래 다르지 않으므로 법도 또한 다르지 않다. 다만 그대의 견해가 같지 않기 때문에 차별이 생긴 것이다. 비유하면, '하늘 사람이 보배 그릇의 음식을 먹지만 그 복덕에 따라서 음식의 색깔이 다른 것과 같다.' 시방의 제불이 '실로 조그마한 법도 가히 얻을 것이 없음을 아뇩보리라고 한다.'라고 하였다. 오직 일심의 다른 모습이 없으며, 광채도 없고, 수승하고 모자람도 없다. 수승함이 없기 때문에 '부처'라는 모습이 없고, 모자람이 없기 때문에 '중생'이라는 모습도 없다."

배휴가 물었다.

"마음은 이미 형상이 없다고 하거늘 어찌하여 부처는 32상 80종호로 중생을 제도하는 것입니까?"

선사가 답하였다.

"32상은 형상에 속하므로 경전에 '지어진 모든 형상은 다 허망하다.' 라고 하였다. 80종호는 색(형상)에 속하므로 '만약 형상으로써 나를 보면 이 사람은 사도를 행하는 것으로 여래를 볼 수 없다.'고 하였다."

—— ◌᎒᎒◌ ——

불교는 3장(三藏: 經·律·論)과 12분교十二分敎로 구성되어 있다. 12 분교는 12분경十二分經이라고도 하며, 경전의 서술 방식이나 내용 형식을 12가지로 분류한 것이다.[2]

---

2 ①계경(契經, Sūtra)은 길게 쓴 산문체의 경전을 말하며, 경전 서술의 주된 기본 이다.

②응송(應頌, Geya)은 앞에서 서술한 산문 뒤에 시구 형식의 게송(韻文)으로 거듭 설한 것을 말한다.

③기별(記別, Vyākaraṇa)은 서로 묻고 대답하는 가운데 법의 진리를 아는 것인데, 후대에 부처님께서 제자에게 부처가 될 것이라는 수기授記로 변하였다.

④풍송(諷頌, Gāthā)은 게타 혹은 가타伽陀라고 하며, 게송이다. ②응송이 앞의 내용을 요약한 게송이라면, 이 풍송은 단독의 시구 형식으로 고기송孤起頌이라고 한다. 즉 앞 산문의 글과 전혀 다른 내용을 읊기도 한다.

⑤무문자설(無問自說, Udāna)은 묻지도 않았는데 부처님께서 감흥을 받아 설하 신 가르침을 말한다.

⑥인연(因緣, Nidāna)은 연기緣起라고도 하며, 교법이 일어나는 인연과 연기를 밝힌 것이다. 즉, 누군가 계를 범한 사람이 있으면, 그 계에 대해 설하게 된 동기나 까닭을 서술한 것이다.

⑦비유(譬喩, Apadāna)는 교훈적인 내용을 쉽고 분명하게 서술한 것이다.

⑧본사(本事, Itivuttaka)는 부처님 제자들의 과거 전생의 수행담을 서술한 것이다.

"오직 한 침대 위에 누워 있다."는 내용은『유마경』5품「문수사리문질품」에 출처를 둔다. 유마거사가 병이 나자, 부처님이 제자들에게 문병을 가라고 한다. 이에 문수보살을 상수로 하여 여러 제자들이 유마의 집에 병문안을 간다. 이때 유마거사는 집안의 모든 물건을 치우고, 하인들도 모두 보내고 홀로 침대 위에 누워 있다는 내용이다. 여기서 유마가 모든 것을 비우고 하인들도 거느리지 않는다는 것은 공사상을 의미한다.

"허공처럼 의지할 바가 없는 분께…" 부분은『유마경』「불국품」에 출처를 둔다. 부처님의 상호에 공경의 예를 표한다는 뜻이다. "제법의 법상에 걸림이 없으니, 의지할 것 없는 허공과 같으신 분께 머리 숙여 절합니다(達諸法相無罣礙 稽首如空無所依)."

"만법이 다 마음의 변화로 나타난 것이다. …" 부분을 보자. 불교는 유심唯心의 종교요, 깨달음의 종교이다. 8만 4천 경전을 한 글자로

---

⑨본생(本生, Jātaka)은 부처님의 과거 전생 보살행을 서술한 것이다.
⑩방광(方廣, Vaipulya)은 방등方等이라고도 한다. '방方'은 이치가 매우 바른 것을 말하고, '광廣'은 문장이 매우 풍부한 것을 말한다. 부처님의 가르침이 논리적으로 뛰어나고, 깊은 철학적 의미를 띠고 있다는 뜻이다. 이 방광은 대승경전을 통칭하기도 한다.
⑪미증유법(未曾有法, Abdhutadharma)은 희유법希有法이라고도 하며, 부처님이 위신력으로 부사의한 일을 나타내 보인 것을 말한다.
⑫논의(論議, Upadesa)는 문답 형식으로 되어 있으며, 진리의 이치를 명백히 밝히고 논한 것이다.

표현하라고 하면 '心(마음)'이라고 해도 틀리지 않다. 『법구경』도 그 처음에 "모든 것은 마음에 근거하고, 마음을 근본으로 하며, 마음에 의해 모든 것이 만들어진다. 즉, 마음속에 악한 것을 생각하면 말과 행동까지 거칠게 된다. 이로 인해 죄업이 따른다. 마치 수레를 따르는 수레바퀴처럼."라며 마음을 언급하고 있다.

대승불교의 대표 경전인 『화엄경』에서는 "만약 사람이 삼세 일체의 부처를 알고자 한다면, 오직 이 일심이 모든 것을 만든다는 것을 관해야 한다."고 하였고, 『능가경』에서는 "3계는 오직 마음의 분별일 뿐이니, 바깥 경계는 일체가 존재하는 것이 아니라 망상이 갖가지로 나타난 현상이다. 중생들이 알지 못하기 때문에 (여래께서) 분별해 설했을 뿐이다."라고 하였다. 마음은 어떤 중생이든 부처와 똑같은 성품이다. 청정심을 보지 못하는 것은 하열한 근기 때문으로, 허공이 늘 존재하는 것처럼 참 성품과 법은 누구에게나 평등하다.

그런데 『열반경』이나 『능엄경』 등에서 '이 마음이 신체 어디에 있는가?'라는 소재처에 대한 내용이 등장한다. 하지만 어느 경전도 '마음이 어디에 있다'고 지정하지 않는다. 수년 전 서양에서 명상+정신분석, 명상+심리학 등 응용학문이 유행하더니, 근자에는 '명상+뇌' 연구가 활발하다. 마음이라는 존재를 해명하기 위한 불교 근접학문이 발달하고 있다. 고무적인 일이기는 하지만, 한편으로는 불교학의 근본 기저를 잃어버리고 허공에 3층 건물을 짓는 것처럼 위태롭다는 걱정을 떨칠 수가 없다. 더욱이 논문심사를 하다보면 자신의 전공 학문에 끼워 맞추기 식으로 불교를 바라보는 경우를 종종 본다. 사상과 문화 또한 무상無常한 것이니, 어쩔 수 없는 일이라고 해야 하나?!

"하늘 사람이 보배 그릇의 음식을 먹지만…"은 『유마경』 「불국품」에 출처를 두는데, "부처님은 일음으로서 일체법을 연설한다(佛以一音演說法)."고 하였다. 부처님은 똑같은 설법을 하지만, 중생이 자기의 근기에 따라 받아들이는 것이 다르다는 뜻이다. 『법화경』 「약초유품」에서는 하늘에서 비는 똑같이 내리지만, 각 식물마다 자기의 분에 맞춰 물을 흡수하는 것이 다른 것처럼, 부처님의 공덕은 똑같지만 중생들이 자신의 근기에 따라 진리를 이해한다. 중생이 근기에 따라 법을 다르게 받아들일 뿐이지 법은 누구에게나 평등하다.

"오직 일심의 다른 모습이 없고, … 수승하고 모자람도 없다. …" 중생이라고 하찮게 여기지 아니하고, 부처라고 숭상하지도 않으며, 실다운 것이라고 수승하게 여기지 않고, 헛되다고 내치지 않는 분별심이 없는 경지임을 시사한다.

5. 불성과 여래장이 선禪과 어떤 연관이 있는가?

問 佛性與衆生性 爲同爲別 師云 性無同異 若約三乘教 卽說有佛
性有衆生性 遂有三乘因果 卽有同異 若約佛乘及祖師相傳 卽不
說如是事 惟指一心 非同非異 非因非果 所以云 唯此一乘道 無二
亦無三 除佛方便說

배휴가 물었다.

"불성과 중생성은 같습니까, 다릅니까?"

선사가 답하였다.

"성품에는 같고 다름이 없다. 그렇지만 삼승(성문·연각·보살승)[3]의

----

3 첫째 성문승聲聞乘은 부처님의 (四聖諦) 가르침을 듣고 깨닫는 교법이고, 둘째
　연각승緣覺乘은 스승 없이 홀로 깨닫는 가르침으로 12인연법을 관하거나 다른
　인연에 의해 깨닫는 가르침이다. 셋째 보살승菩薩乘은 상구보리上求菩提 하화중생
　下化衆生의 보리심을 내어서 불도에 들어가 6바라밀을 닦으며 수행에 힘쓰는

가르침에 따르면, 불성이 있고 중생성이 있다. 이는 삼승의 인과에 따라서 곧 같고 다름이 있을 뿐이다. 그러나 불승 및 조사가 서로 전하는 것을 바로 보면, 이런 일들은 설하지 않으며, 오직 일심만을 가르친다. 이렇게 같고 다름이 없으며, 인과도 없다. 경전에서 이렇게 말하고 있다. '오직 일승의 도가 있을 뿐이요, 둘도 셋도 없다. 다만 부처님의 방편설은 제외한다.'"

—— ✿ ——

배휴가 '불성과 중생성에 차이점'에 대해 묻자 선사는 '부처의 성품과 중생의 성품에는 삼승의 인과에 있을 뿐, 선에서는 구별이 없다'고 답한다. 황벽은 앞에서도 "부처와 중생은 일심에 있어 아무런 차이가 없다."고 하면서 허공에 비유하였다. 또한 "위로는 제불에서부터 아래로는 꿈틀거리는 벌레에 이르기까지 모두 불성을 지니고 있다."고 하면서 모든 중생이 곧 부처가 될 가능성의 성품을 갖고 있다고 하였다. 황벽의 돈법頓法 진리는 곧 초기 대승불교 경전과 여래장계 경전에서 전하는 것과 같은 사상이다. 대승경전에서는 일심에 있어 중생이든 부처든 모두 같다는 사상을 견지한다. 특히 『화엄경』의 일심과 성기사상은 매우 적극적인 돈법을 표현한다.

"마음과 같이 부처도 또한 그러하다. 부처와 같이 중생도 또한 그러하다. 마음과 부처 그리고 중생, 이 셋은 차별이 없다(如心佛亦爾 如佛衆生然 心佛及衆生 是三無差別)."고 하는 내용이다. 이런 철저한

———

이들이다.

유심이 강조되다 보니, 『화엄경』의 대가인 이통현 장자는 이런 말을 하였다.

"부처님이란 중생들의 마음 안에 있는 부처님이다. 자신들의 근기 정도에 따라 부처님이 표현된다. 그 외에는 달리 다른 부처님이 없다. 일체 부처님의 근원 자리가 무엇이겠는가. 자신의 무명 번뇌가 본래 부처님인 줄 알아라(佛是衆生心裡佛 隨自根堪無異物 欲知一切諸佛源 悟自無明本是佛)."

다음 성기사상을 보자. 조사선에 밀접하게 영향을 미친 사상은 성기性起이다. 성기는 불성현기佛性現起가 줄여진 말로 성性의 기起, 즉 성의 현현顯現이다. 여래의 지혜인 (여래) 성품이 그대로 드러난 존재이다. 중생의 마음 가운데 지금 바로 일어나고 있는(現起) 그대로 가 바로 여래의 성기라는 것이다. 이는 수행에 의해 부처가 되는 것이 아니라 본래 부처를 이루고 있다는 뜻이다. 당대의 임제 의현이나 우리나라 진각국사 혜심, 신라 말 고려 초기의 선사들이 화엄사상에 밀접했던 점들을 볼 때, 선과 화엄 사상은 매우 긴밀하게 연관되어 있다고 볼 수 있다. 『화엄경』의 성기사상은 천태학의 성구性具와 유사한 사상으로 함께 회자된다. 중생의 성품에 깨달을 가능성이 간직되어 있다는 뜻이다. 즉 '구具'는 모든 경험현상이 불성을 그 본성으로 갖고 있다는 점에서, 중생이 불성을 가지고 있음을 적극적으로 표현한 것이다.

"오직 일승의 도가 있을 뿐이요, 둘도 셋도 없다. …"는 『법화경』 「방편품」에 설해진 내용이다. 깨달음의 길이 여러 갈래이지만, 목표인 부처가 되는 것이 바로 일승(=대승)이다. 누구나 성불할 수 있는 근기를 갖고 있기 때문에 일승인 것이다. 「방편품」에서는 "모든 부처님은 방편의 힘으로 일불승에서 삼승을 설한 것이다(諸佛 以方便力 於一佛乘 分別說三)."라고 하였고, 또한 "시방불토 중에는 오직 일승법만 있을 뿐이요, 이승도 없고 삼승도 없다(十方佛土中 唯有一乘法 無二亦無三)."고 하였다. 그러면서 부처님은 다른 법은 없고 오직 일불승이라고 하였다. 삼승은 방편이요, 일승만이 진실이라는 사상은 『법화경』을 관통하는 근간이라고 해도 무방하다.

6. 진리를 구하기 위해 굳이 마음 쓰지 말고, 다만 견해를 쉬어라

問 無邊身菩薩 爲什麼不見如來頂相 師云 實無可見 何以故 無邊
身菩薩 便是如來 不應更見 祇教你不作佛見 不落佛邊 不作衆生
見 不落衆生邊 不作有見 不落有邊 不作無見 不落無邊 不作凡見
不落凡邊 不作聖見 不落聖邊 但無諸見 卽是無邊身 若有見處
卽名外道 外道者樂於諸見 菩薩於諸見而不動 如來者卽諸法如
義 所以云 彌勒亦如也 衆聖賢亦如也 如卽無生 如卽無滅 如卽無
見 如卽無聞 如來頂卽是圓見 亦無圓見 故不落圓邊 所以佛身無
爲 不墮諸數 權以虛空爲喻 圓同太虛 無欠無餘 等閑無事 莫彊辯
他境 辯著便成識 所以云 圓成沈識海 流轉若飄蓬 祇道 我知也
學得也 契悟也 解脫也 有道理也 彊處卽如意 弱處卽不如意 似者
箇見解 有什麼用處 我向汝道 等閑無事 莫謾用心 不用求眞唯須
息見 所以內見外見俱錯 佛道魔道俱惡 所以文殊暫起二見 貶向
二鐵圍山 文殊卽實智 普賢卽權智 權實相對治 究竟亦無權實

唯是一心 心且不佛 不衆生 無有異見 纔有佛見 便作衆生見 有見
無見 常見斷見 便成二鐵圍山 被見障 故祖師直指一切衆生本心
本體本來是佛 不假修成 不屬漸次 不是明暗 不是明故無明 不是
暗故無暗 所以無無明 亦無無明盡 入我此宗門 切須在意 如此見
得 名之爲法 見法故 名之爲佛 佛法俱無 名之爲僧 喚作無爲僧
亦名一體三寶 夫求法者 不著佛求 不著法求 不著衆求 應無所求
不著佛求故無佛 不著法求故無法 不著衆求故無僧

배휴가 물었다.

"무변신보살이 왜 여래의 정상을 보지 못했습니까?"

선사가 답하였다.

"실로 가히 볼 수 없다. 왜냐하면 무변신보살이 곧 이 여래이므로
응당히 볼 수 없다. 다만 부처라는 견해를 짓지 않게 하여 부처라는
변견에 떨어지지 않게 하며, 중생이라는 견해를 짓지 않게 하여 중생이
라는 변견에 떨어지지 않게 하고, '있다'라는 견해를 짓지 않게 하여
'있다'라는 변견에 떨어지지 않게 하며, '없다'라는 견해를 짓지 않게
하여 '없다'라는 변견에 떨어지지 않게 하고, 범부라는 견해를 짓지
않게 하여 범부라는 변견에 떨어지지 않게 하며, 성인이라는 견해를
짓지 않게 하여 성인이라는 변견에 떨어지지 않게 하는 것이다. 다만
모든 견해를 없앤다면, 곧 이것이 무변신이다.

만약 견처가 있다면 곧 외도라고 한다. 외도는 모든 견해를 좋아하
고, 보살은 어떤 견해에도 동요되지 않는다. '여래'라고 하는 것은

곧 모든 법에 '여여하다'는 뜻이다. 왜냐하면 미륵도 또한 이와 같으며, 수많은 성현도 이와 같다. '여'는 곧 생겨나는 것도 아니고, 소멸되는 것도 아니며, 보는 것도 아니고, 듣는 것도 아니다. 여래의 정상은 원만한 견이요, 또 원만한 견이 아니므로 원만한 견해에 떨어지지 않는다. 부처님의 몸이 무위이기 때문에 사량분별 견해에 떨어지지 않는다. 다만 방편으로 허공을 비유 삼아서 '원만함이 태허와 같아서 모자람도 없고 남음도 없다.'라고 하는 것이다. 평등하고 무사無事하므로 굳이 다른 경지를 끌어들여 설할 필요가 없으니, 설하려고 한다면 알음알이가 된다. 왜냐하면 '원성실성은 의식의 바다에 빠져서 바람에 흔들리는 쑥대처럼 유전한다.'라고 하였다. 다만 도에 있어서 '나는 알았다. 배웠다. 해탈하였다. 도리를 얻었다.'라고 말한다. 강한 곳에서는 자신의 뜻대로 되지만, 약한 곳에서는 자신의 뜻대로 되지 않는다. 이와 같은 견해가 무슨 쓸모가 있겠는가?

그래서 내가 그대에게 말하지 않았는가?! '등한무사等閑無事 경지에서 일부러 마음을 쓰지 말라. 진리를 구하기 위해 굳이 마음 쓰지 말고 다만 견해를 쉴지니라.' 경에서도 '내면의 견해와 외면의 견해가 모두 그릇된 것이요, 불도와 마구니의 도가 다 악도이다.'라고 하였다. 문수는 잠깐 두 가지 견해를 일으켰다가 두 철위산으로 쫓겨 갔다. 문수는 참다운 지혜요, 보현은 방편의 지혜이다. 방편과 실상이 서로 대치되지만 구경에는 방편과 실상도 없으며, 오직 일심뿐이다. 마음은 부처도 아니고, 중생도 아니며, 다른 견해가 있는 것도 아니다. 잠깐 부처라는 견해를 내면 곧 중생견을 짓는 것과 같다. 있다는 견해·없다는 견해·항상하다는 견해·단멸한다는 (극단적) 견해는 문득 두 철위산을 이루어서 견해의 장애를 입는다.

조사들은 바로 일체중생의 본심本心과 본체本體가 본래 부처이므로, 닦아서 이루어지는 것도 아니며 점수漸修에 속하지도 않는다. 또한 밝음과 어둠도 없다. 밝지 않으므로 밝음이 없고, 어둡지 않으므로 어둠이 없다. 그래서 '무명도 없고, 무명이 다함도 없다.'고 하는 것이다. 이 종문에서는 간절히 모름지기 이 뜻에 마음을 두어야 진리를 볼 수 있다. 이것을 법이라고 한다. 법을 보기 때문에 부처라고 말한다. 부처와 법이 모두 없는 것을 이름해서 승이라고 하고, 무위승無爲僧이라고 부른다. 또한 일체삼보一體三寶라고 한다. 법을 구하는 사람은 부처에 집착해 구하지 않고, 법에 집착해 구하지 않으며, 승에 집착해 구하지 않는다. 응당히 (일체법에) 구하는 바가 없어야 한다. 부처에 집착해 구하지 않기 때문에 부처가 없고, 법에 집착해 구하지 않기 때문에 법이 없으며, 승에 집착해 구하지 않기 때문에 승이 없다."

───── ◌◈◌ ─────

"외도는 모든 견해를 좋아하고, 보살은 어떤 견해에도 동요되지 않는다."는 내용은 『유마경』「문수사리문질품」에 나온다. 경전에서는 다르게 "모든 마군은 생사를 좋아하지만 보살은 생사를 버리지 않으며, 외도는 모든 견해에 탐착하기를 좋아하지만 보살은 어떤 견해에도 동요하지 않는다(衆魔者樂生死 菩薩於生死而不捨 外道者樂諸見 菩薩於諸見而不動)."라고 하였다. 곧 진정한 수행자는 번뇌조차도 나쁜 것이라고 버리지 않고 이것을 수행의 방편으로 삼아 활용하고, 더 나아가 '나쁘다'는 분별심조차 갖지 않기 때문에 어떤 견해에도 흔들리지 않는 부동심을 견지하고 있음을 시사한다.

"여래라고 하는 것은 곧 모든 법에 여여하다는 뜻이다."는 『금강경』
17품에 "여래는 모든 존재의 진실한 모습을 의미하기 때문이다(如來者
卽諸法 如義)."와 내용적으로 동일하다. 또 29품에서도 "여래는 어디로
부터 온 것도 아니고, 어디로 가는 것도 아니다. 단지 '여래'라고
이름할 뿐이다(如來者 無所從來 亦無所去 故名如來)."라고 하였고,
『유마경』「아촉불품」에서는 "여래는 장소에 머물러 있지도 않지만,
장소를 여읜 것도 아니다(不在方 不離方)."라고 하였다. 곧 여래는
어떤 장소에 머물러 있거나 어디로부터 오거나 가는 것이 아니다.
바로 이것이 '여래'에 대한 정의이다. 황벽이 경전에 입각해 설한
법문임을 볼 때, 당시 황벽의 면모가 얼마나 뛰어난 선사였는지를
알 수 있다.

　'여래'에 대해 좀 더 살펴보면, 여래는 '있는 그대로가 곧 진실'인
것, '진리인 것'을 의미한다. 『대지도론』에서는 법의 모습대로, 법상法
相 그대로, 진실의 모습 그대로 이해하는 것이라고 여래를 정의하고
있다. 그래서 지혜로써 제법의 실상實相을 깨달은 사람을 '여래'라고
부른다. 여래는 그 진여·진리의 세계로부터 우리들의 세계로 오신
분으로 해석하지만, 그 반대인 진리의 세계로 갔다고 해서 여거如去라
고도 한다. 여거는 부처님이 깨달았다는 측면으로, 여래는 부처님이
이 세상에 모습을 나타내는 것으로 해석한다. 여래의 뜻이 이렇기
때문에 깨달음의 가능성을 상징하는 단어가 여래장如來藏이다. 여래
장은 곧 아기를 잉태하고 있는 산모처럼, 중생이 여래를 품고 있다는

뜻이다. 여래장설은 후대 학자들에 의해 비판의 소재가 되기도 하지만, 중국에서 선사상이 발전하는 근간이 되었다.

"문수는 잠깐 두 가지 견해를 일으켰다가 두 철위산으로 쫓겨 갔다."는 내용은 『제불요집경諸佛要集經』에 출처를 둔다. 철위산이란 불교의 세계관에서 세계의 가장 끝에 있는 산을 말한다. 이 산은 철분이 많아서 햇빛을 받으면 붉게 보이며, 산 바깥쪽은 우주의 끝으로 어둡고 캄캄하며 무서운 암흑이 펼쳐진다. 지혜가 뛰어난 문수보살일지라도 두 가지 견해에 떨어지면, 곧 어두운 나락으로 떨어짐을 상징적으로 묘사한 것이다.

"진리를 구하기 위해 굳이 마음 쓰지 말고 다만 견해를 쉬어라."는 3조 승찬(?~606)의 『신심명』에 있는 내용이다.

"내면의 견해와 외면의 견해가 모두 그릇된 것이요 …"는 『유마경』 「문수사리문질품」에 출처를 둔다. "병의 근본이란 무엇인가? 반연이 있는 것이다. 반연이 있는 것으로부터 병의 근본이 된다. 반연되는 것이 무엇인가? 3계를 말한다. 어떤 것을 반연이라고 하는가? 얻는 바가 없는 것이다. 혹 얻는 바가 없으면 반연되는 것도 없다. 무엇을 얻는 바가 없다고 말하는가? 두 견해를 여의는 것이다. 무엇이 두 견해인가? 내견內見과 외견外見이다. 여기서 (2견에) 얻을 것이 없는 것이다(何謂病本 謂有攀緣 從有攀緣則爲病本 何所攀緣 謂之三界 云何斷攀緣 以無所得 若無所得 則無攀緣 何謂無所得? 謂離二見 何謂二見?

謂內見外見 是無所得)."

"무명도 없고, 무명이 다함도 없다."는 『반야심경』에 나온다. 그릇된 견해를 깨뜨리고 반야의 공관으로 비춰보라는 부분이다. 모든 물질에 있어, 현상은 공이며, 공 또한 현상이다. 이와 같은 공성空性은 일체에 가득 차 있되, 5온·6근·6경·6식·12연기·4성제까지 텅 비어 공하다는 것을 드러내고 있다. 그래서 결국 공은 어떤 실체나 자성이 없고, 얻을 것조차 없는 무소득無所得의 경지이다.

"법을 구하는 사람은 부처에 집착해 구하지 않고…"는 『유마경』「부사의품」에 출처를 둔다. 경의 내용을 보면 이러하다.

사리불이 그 방 가운데 의자가 없는 것을 보고, 이런 생각을 하였다. '이 모든 보살, 제자들이 어디에 앉을까?' 유마거사가 그의 뜻을 알고 사리불에게 말했다. "그대는 법을 위해 왔는가, 앉을 의자를 위해 왔는가?" 그때 사리불이 말했다. "저는 법을 위해서 왔습니다. 의자를 위해서 온 것은 아닙니다." 유마거사 말했다. "오! 사리불님, 법을 위해서 온 사람은 몸과 목숨을 탐하지 않습니다. 어찌 하물며 의자이겠습니까? 법을 구하는 사람은 5온(색·수·상·행·식)에서 구하지 아니하며, 18계·12입에서 구하지 않고, 3계를 구하지 않습니다."

7. 본래 한 물건도 없다! 무엇이 없다는 것인가?

問 和尚見今說法 何得言無僧亦無法 師云 汝若見有法可說 卽是
以音聲求我 若見有我 卽是處所 法亦無法 法卽是心 所以祖師云
付此心法時 法法何曾法 無法無本心 始解心心法 實無一法可得
名坐道場 道場者祇是不起諸見 悟法本空 喚作空如來藏 本來無
一物 何處有塵埃 若得此中意 逍遙何所論 問 本來無一物 無物便
是否 師云 無亦不是 菩提無是處 亦無無知解

배휴가 물었다.

"화상은 지금 법을 설하고 계시거늘 어찌하여 승도 없다 하고,
법도 없다고 하십니까?"

선사가 답하였다.

"그대가 만약 법에 설할 것이 있다고 본다면 '곧 음성으로 나를
구하는 것'과 같은 이치이다. 만약 '내'가 있다고 보면, 곧 처소가

있다는 뜻이다. 법도 또한 무법無法이며, 법이 곧 마음이다. 그래서 조사가 이런 말을 하였다. "이 심법을 부촉하노니, 법이라고 하는 법이 일찍이 어떤 법인가? 법이 없으며, 본래 마음도 없다. 비로소 마음과 마음이라는 법을 알게 된다." 실로 한 법도 얻을 것이 없는 것을 이름해서 '도량에 앉는다'고 한다. 도량이란 다만 이 모든 견해를 일으키지 않고, 법이 본래 공임을 깨닫는 것이니, 이것을 공여래장이라고 부른다. '본래 한 물건도 없거늘 어디에 번뇌가 있을 것인가?' 만약 이 가운데서 뜻을 얻는다면, 소요할 뿐 무엇을 다시 논할 것이 있겠는가?"

배휴가 물었다.

"본래 한 물건도 없다고 하는데, 물건이 없다는 것이 맞는 것입니까?"

선사가 답하였다.

"없다고 해도 맞는 것이 아니다. 보리는 일정한 장소가 없으며, 알음알이로써 알 수 있는 것이 아니다."

— ❦ —

"곧 음성으로 나를 구하는 것이다."는 『금강경』 26품의 내용으로 4구게 가운데 두 번째 구절이다. "형색으로 나를 보거나 음성으로 나를 찾는다면 삿된 길을 걷는 것이요, 여래를 볼 수 없느니라(若以色見我 以音聲求我 是人行邪道 不能見如來)."

"도량에 앉는다."는 내용은 『유마경』「보살품」에 출처를 둔다. 광엄동

자가 베살리성을 나가려고 하는데, 유마거사가 성으로 들어온다. 동자가 유마에게 '어디로부터 오느냐?'고 묻자, 거사는 '도량으로부터 온다.'고 답한다. 동자가 '도량이 어느 곳이냐?'고 묻자, 유마가 이렇게 말한다. "곧은 마음이 도량이며, 보리심을 발하는 것이 도량이며, 깊은 마음이 도량이고, 6바라밀·4섭법·4무량심·18불공법 등이 모두 도량입니다. 보살이 바라밀로써 온갖 중생을 제도하면, 손을 들고 발을 내리는 위의가 모두 도량으로부터 와서 불법에 머무는 것입니다." 곧 모든 행 하나하나가 불심에 머물러 있다면, 그 자체가 도량에 있는 것이다. 도량이란 물리적인 어떤 장소가 아니라 선법善法으로 발심해 늘 깨어 있는 경지를 말한다.

"소요할 뿐 무엇을 다시 논할 것이 있겠는가?"에서 '소요'는 본래 도교 용어이다. 도교는 중국의 자생 종교로서 불교가 들어오기 이전부터 존재했던 민속신앙이나 다름없다. 5세기 초 구마라집(344~413)의 한역 이전을 격의불교格義佛教라고 하는데, 격의는 도교 사상에 견주어 불경을 번역한 것을 말한다. 학계에서는 한역경전이 구마라집에 의해 어느 정도 격의불교에서 벗어났다고 본다. 하지만 8세기 중기에 형성된 조사선은 중국적인 사유(도교)가 깃들어 있어 선에 도교적인 용어나 문구가 더러 있다.

선에서 해탈한 상태를 '일을 마쳤다'고 해서 '요사了事'라고 하는데, 이와 같이 소요는 해탈해 마친 (자연스런) 상태라고 할 수 있다. 곧 해탈해 마치고, 유유히 거닐고 있는 모습이다. 몽산 덕이(1231~1308)의 법어에도 '큰일을 분명히 마쳐라(了撤大事)'는 내용이 자주 언급되어 있다. 또 소요는 십우도의 한 경지에 비견된다. 남송, 곽암의 십우도[4]는 자신의 마음(번뇌)을 소(牛)에 비유하여 번뇌를 조복 받고 길들여, 소를 타고 집으로 돌아와서는 소도 잊고, 자신도 모두 잊어버리는 과정을 지나 완전한 해탈의 경지에 이른 것을 묘사한 것이다. 이 십우도 가운데 일곱 번째가 망우존인이다. 이는 수행해 깨달음에 이른 뒤 집에 도착해서 소와 목동이 앉아 있는 모습이다. 여기서는 더 이상 번뇌가 남아 있지 않은 단계로서 평상심과 무사·무심의 경지에 머물러 있는 것이다. 바로 이러한 경지를 '소요'라고 할 수 있다.

"본래 한 물건도 없거늘 어디에 번뇌가 있을 것인가?"는 6조 혜능이 증득한 견처를 스승에게 보인 게송 중 일부분이다. 원문에서 배휴가 황벽에게 말하듯이 그 '한 물건'이라고 지칭하는 것도 맞는 것은 아니다. 『유마경』「불이법문품」에서 사리불이 불이不二에 대해 유마힐에게 물었을 때, 유마는 묵연히 아무 말도 하지 않았다. 곧 이와 같은 이치라고 본다. 어떤 명칭이라고 붙일 것조차 없기에 단순히 '한 물건'이라고 명칭한 것이다. 그래서 황벽도 바로 '없다는 것조차 옳지 않다'고 하는 것이다.

　앞에서도 나왔듯이, 법은 평등해서 높고 낮음이 없으며, 그 어떤

---

4 십우도는 임제종 양기파 승려인 곽암이 깨달음의 과정을 10단계로 묘사한 그림이다. ①심우尋牛, ②견적見跡, ③견우見牛, ④득우得牛, ⑤목우牧牛, ⑥기우귀가騎牛歸家, ⑦망우존인忘牛存人, ⑧인우구망人牛俱忘, ⑨반본환원返本還源, ⑩입전수수入廛垂手가 그것이다.

것이라고 이름 붙일 것도 없는데, 하물며 깨달음이 어느 장소에 있다는 것은 있을 수 없다. 일체 유위적有爲的인 존재가 모두 공하거늘 어떤 이름도 붙일 수 없는 것이다. 이에 수행도 증득도 없는 것(無修無證)이니, 수증修證에 집착해서는 안 된다. 이 본래성불과 본각사상은 곧 닦음과 깨달음이 하나(修證不二)라는 묵조선으로 이어진다. 우리나라는 임제종 간화선을 지향했던지라 묵조선을 언급하지 않지만, 실은 조사선 사상의 흐름은 묵조선이다.

8. 그대의 천적은 바로 '그대 자신'이다

問 何者是佛 師云 汝心是佛 佛卽是心 心佛不異 故云 卽心卽佛
若離於心 別更無佛 云 若自心是佛 祖師西來 如何傳授 師云 祖師
西來 唯傳心佛 直指汝等心本來是佛 心心不異 故名爲祖 若直下
見此意 卽頓超三乘一切諸位 本來是佛 不假修成

배휴가 물었다. "부처란 무엇입니까?"

선사가 말했다. "그대 마음이 바로 부처이다. 부처가 곧 마음이다.
마음과 부처가 다르지 않기 때문이다. 그래서 이르기를 '마음이 곧
부처요, 마음을 떠나서 다시 다른 부처가 없다.'고 하는 것이다.

배휴가 물었다. "자심自心이 부처라고 한다면, 조사가 서쪽에서
와서 무엇을 전한 것입니까?"

선사가 말했다. "조사가 서쪽에서 온 것은 오직 마음을 전하기
위함이었다. 바로 '그대들의 마음이 본래 부처'라는 것을 가르쳤다.

마음과 마음이 다르지 아니하다. 그래서 '조사'라고 이름한다. 만약 바로 그 자리에서 이 뜻을 본다면 곧 삼승의 모든 계위를 훌쩍 뛰어넘는다. 본래 부처이기 때문에 닦음을 가자할 필요가 없다."

———— ℭℬℰℴ ————

배휴의 "부처란 무엇이냐?"는 물음에 황벽은 "그대 마음이 바로 부처다."라고 답하고 있다. 이 문답은 앞에서 몇 번이고 거듭되었던 내용이다. '마음이 곧 부처(卽心是佛)'는 조사선의 기본 테제로서 본래성불, 본각에 바탕을 두고 있다. 원문에서 달마가 마음을 전하기 위해 고국을 버리고 낯선 땅인 중국에 왔다(520년)고 했는데, 달마의 선법을 보자.

달마의 『이입사행론』에 의하면, "범부와 성인이 똑같이 진실한 본성을 갖고 있음을 깊이 믿어야 한다. 다만 번뇌를 여의고, 참됨으로 돌아가 벽壁과 같은 상태에 마음이 머물러야 한다."고 하였다. 이런 실천이 곧 벽관壁觀이다. 벽관은 객진번뇌인 허망이 접촉할 수 없는 근원적인 마음인 안심安心의 실천법이다.(이 안심법문은 본서 p.191에서 언급했었는데, 선사들의 사상을 관련시키기 위해 재언급한다.)

2조 혜가가 달마를 찾아와 물었다.
"스님. 저의 마음이 너무 편안치 못합니다. 스승님께서 편안케
  해 주십시오."
"그대의 마음을 가지고 오너라. 그러면 너의 마음을 안심시켜
  주리라."
"마음을 찾으려고 해도 찾을 수 없습니다(覓心了不可得)."

"내가 이미 네 마음을 편안케 해 마쳤다."

2조 혜가와 제자 승찬과의 문답도 이런 연장선상에 있다. 승찬이 혜가에게 물었다.
"저는 오래전부터 풍병을 앓고 있습니다. 스님께서 참제懺罪해 주십시오."
"죄를 가지고 오너라. 그러면 참죄해 주리라."
"죄라는 것을 찾을 수가 없습니다(覓罪不可得)."
"그대의 죄는 다 참죄되어 마쳤다."

3조 승찬에게 도신이라는 제자가 찾아왔다. 도신이 승찬에게 물었다.
"스님의 자비로서 해탈법문을 하나 주십시오."
"누가 그대를 묶고 있는가?"
"아무도 묶은 사람이 없습니다."
"그렇다면 다시 무슨 해탈을 구하려고 하는가(何更求解脫乎)."

달마가 혜가에게 '괴로운 마음을 가지고 오라'는 것이나 혜가가 승찬에게 '죄를 가지고 오라는 것'이나 승찬이 도신에게 '누가 그대를 묶고 있는가?' 등은 모두 본래성불된 그 자리, 공성에 입각해 있다. 불안한 그 번뇌 자리가 공성의 측면에서 볼 때 깨달음의 자리인 것이다. 불안한 마음(번뇌) 자리가 곧 안심(보리)인 번뇌즉보리煩惱卽菩提, 생사즉열반生死卽涅槃이다. 번뇌를 끊고 나서 열반을 얻는 것이 아니라, 번뇌를 끊지 않고 열반을 얻을 필요도 없는 본래의 마음으로 돌아가는 것이다. 곧 열반을 찾을 필요도, 보리를 구할 필요도 없는 근본 마음자리가 안심의 정확한 뜻이다.

달마의 『오성론悟性論』에서는 "탐진치 3독이 곧 불성으로서 3독 이외에 다시 별도로 불성이 없다."고 하였다. 또 『유마경』에서는 "번뇌와 악을 지닌 인간의 현실이 곧 해탈을 달성하고 성불하는 기초가 된다."고 하였다. 고원이 아닌 진흙탕 속에서 아름다운 연꽃이 피어나는 것처럼, 번뇌 자리에 깨달음이 있는 것이다. 번뇌를 끊고 나서 열반을 얻는 것이 아니라, 번뇌를 끊지 않고 열반을 얻을 필요도 없는 본래의 마음으로 돌아가기만 하면 된다.

『육조단경』에서도 혜능은 "본성을 떠나 부처가 따로 있는 것이 아니다. 부처는 자성 가운데서 구할지언정 몸 밖에서 구하지 말라. 이 자성이 그대로 부처이다."라고 하였다. 이 즉심시불 사상은 혜능의 손자뻘인 마조(709~788)에 의해서 크게 발전되었고, 조사선의 기본 테제가 되었다. 그러면 마조가 말하는 즉심시불에서 마음은 어떤 마음인가? 바로 평상심이고, 이 '평상심이 부처'이다. 중생 누구나 갖추고 있는 근원적인 본래의 마음, 조작이나 시비분별이 없는 평상시의 마음, 즉 '평상심시도'가 도출된 것이다. 그래서 마조는 '도는 수행을 필요로 하지 않으니, 다만 더럽히지만 말라.'고 하였다. 원문에서 황벽도 부처 경지는 원래 닦여져 있는 것이니, 수행을 가자할 필요가 없다고 하였다.

실은 즉심시불이 마조의 독창적인 주장은 아니다. 대승경전에 언급되어 있는 내용이다. 『기신론』 사상으로 보면, 본각에 입각한 자성청정한 마음이요, 닦아서 부처를 이루는 것이 아닌 깨달은 상태의 돈오에 입각한 마음이다. 이 즉심시불의 출처는 『반주삼매경』·『관무량수경』·『화엄경』 등의 경전이다. 또 마조 이전에도 지공(誌公, 418~514)의 「대승찬大乘讚」이나 부대사(傅大士, 497~569)의 「심왕명心王銘」에도 보인다. 이후 즉심시불 사상은 마조의 손자뻘 제자 황벽에게서 확실하게 드러났다.

현대인이 쉽게 근접해 볼 수 있는 선사상이 도신의 문답에 있다. 이 세상 모든 번뇌는 외부에서 발생되지 않는다. 자신의 내부에서 만들어낸 것이요, 스스로의 올가미에 묶여 있는 것이다. 어떤 것이든 스스로 문제 삼지 않는다면 고뇌는 없다. 사람들은 자기 생각이 만들어낸 고통에 의해 스스로 고통 받고 있는 것이다. 조병화 선생님의 천적이란 시가 있다.

"결국,
나의 천적은
나였던 거다."

모든 인간은 부처님처럼 해탈할 수 있는 위대한 본성을 갖고 있지만, 번뇌를 만드는 것도 결국 자신이다. 그러니 마음의 칼을 살리는 데 쓸 것인가, 죽이는 데 쓸 것인가?(殺人劍 活人刀) 오롯이 그대의 선택에 달려 있다.

9. 마음을 목석과 같이 하여라

云 若如此 十方諸佛出世 說於何法 師云 十方諸佛出世 祇共說一
心法 所以佛密付與摩訶大迦葉 此一心法體 盡虛空 遍法界 名爲
諸佛 理論這箇法 豈是汝於言句上解得他 亦不是於一機一境上
見得他 此意唯是默契 得這一門 名爲無爲法門 若欲會得 但知無
心 忽悟卽得 若用心擬學取 卽轉遠去 若無歧路心 一切取捨心
心如木石 始有學道分 云 如今現有種種妄念 何以言無 師云 妄本
無體 卽是汝心所起 汝若識心是佛 心本無妄 那得起心更認於妄
汝若不生心動念 自然無妄 所以云 心生則種種法生 心滅則種種
法滅

배휴가 물었다.

"혹 시방의 제불이 출세出世한다면 무슨 법을 설하십니까?

선사가 말했다.

"시방의 제불이 출세하더라도 모두 한 가지로 일심법을 설할 것이다. 왜냐하면 부처님께서 가섭 존자에게 밀밀히 부촉하셨기 때문에 이 일심법의 본체가 온 우주 허공 법계에 두루하다. 이를 제불의 이치라고 한다. 어찌하여 이 법을 언구상에서 체득하려고 하는가! 이 뜻은 한 경계에서 얻을 수 있는 것이 아니라 오직 묵묵히 계합해서 얻는 것으로서, 이 일문一門을 무위법문이라고 한다. 만약 알고자 한다면 오롯이 무심을 알아서 문득 깨달을 때, 체득한다. 혹 헤아려서 (알음알이로) 배우고자 한다면 점점 멀어진다. 만약 갈림길에 서 있는 마음과 취하고 버리는 분별심이 없다면, 마음이 목석과 같아진다. 바로 그때서야 비로소 도를 배울 수 있는 분分이 있다."

배휴가 물었다.

"지금 현재도 갖가지 망념이 있는데, 왜 없다고 하십니까?"

선사가 말했다.

"망념은 본래 근본이 없는 것이요, 이 마음이 일으킨 것이다. 그대가 만약 마음이 바로 부처(心是佛)임을 깨닫는다면 마음은 본래 망념이 없거늘 어찌 다시 마음에 망념을 일으키는가? 그대가 만약 마음이 동動하지 않는다면 자연스럽게 망념이 없을 것이다. 그래서 '마음이 일어나면 갖가지 법이 생기고, 마음이 멸하면 갖가지 법이 소멸된다.'고 하였다.

─── ◈ ───

"언구상에서 (마음을) 체득하려고 하는가?" 황벽은 법이란 이심전심으로 밀밀히 스승에서 제자로 전법되는 것이지, 언어로는 얻을 수 없는 이치임을 강조한다.

석가모니 부처님도 성불하신 뒤 적멸의 세계에 들고자 하였다. 중생들이 법을 설해도 알아듣지 못할 것이요, 어떻게 표현하는 것도 불가능했기 때문이다. 범천의 권청으로 부처님은 중생을 위해 법을 설하셨다. 곧 부처님이 깨달으신 내용은 연기설이지만, 수행하는 방법론으로 4성제를 말씀하셨다. 부처님이 깨달으신 진리는 연기이지만 4성제를 말씀하셨듯이, 깨달음은 어떤 형체도 색깔도 무게도 없고, 장소도 없지만, 이는 언설이라는 수단을 빌려서 표출될 수밖에 없다. 선사들도 깨달음을 표출하기 위해 (혹은 제자를 제접하는 과정에서) 언어문자·불자·주장자·방棒·할喝 등을 활용하였다. 이런 일련의 과정에서 조사들의 언행을 기록한 것이 어록이요, 여기서 공안을 발췌해 염고拈古·송고頌古·염송拈頌 형식의 송고문학이 발전되었다. 이 송고문학에서 곧 간화선이 나오게 된 것이다. 부처님을 비롯해 역대 조사들이 깨달음을 얻은 뒤 홀로 적멸의 경지에 머물러 침묵하셨다면, 지금과 같은 선이 없을 것이요, 인류에게 광명이 없었을지도 모른다.

"마음이 목석과 같아야 그때서야 비로소 도를 배울 분이 된다."는 부분을 보자. 수행자는 마음이 견고해야 한다는 점은 아무리 강조해도 지나치지 않을 것이다. 이런 점을 부처님께서는 이렇게 강조하셨다. "마치 목동이 막대기를 쥐고 소를 단속해 소들이 남의 곡식을 함부로 하지 못하도록 제어하는 것처럼, 5근이 원하는 욕망대로 자기를 방치해 게을러서는 안 된다. 5근으로 인한 재앙은 적지 않으니, 도둑을 지키듯이 잘 다스려야 한다. 5근의 주인은 바로 마음이다. 5욕에 빠지지 않도록 5근을 잘 다스려야 한다." 이렇게 인간의 감각기관인 안·이·비·설·신이 마음대로 할 수 없도록 다스려야 해탈세계로 들어갈 수 있는 것이다. 이후 대승불교는 '마음이 장벽과 같아야 한다'고 하였다. 앞에서 언급했지만, 달마도 제자 혜가에게 '마음을 장벽과 같이 해야 도에 들어간다.'고 하였다. 마음 다스리기가 쉽지 않기 때문에 경전이나 어록에서는 이리저리 날뛰는 마음을 코끼리·소·말·원숭이 등에 비유하였다. 수행길이 결코 녹록치 않다. 그러니 부처님과 조사들이 얼마나 위대한 분들인가?

"마음이 바로 부처임을 깨달았다면, 망념이 본래 없거늘 어찌 다시 마음에 망념을 일으키는가?" 지금 황벽은 배휴에게 '즉심시불을 깨달았다면 그 청정심에 왜 또 생각을 일으키느냐?'고 말하고 있다. 『종경록』에 이런 내용이 나온다.

"만약 그대가 마음에 대해 알고 싶다면 지금 바로 그것이 그대 마음이다. 그 마음이 바로 부처요, 깨달음이다. … 지금 그대가 보고 들으며 느끼고 아는 것이 모두 본 자성에서 나오는 것이다. 바로 그 본 자성을 여의고 따로 부처가 있는 것이 아니다. 마음은 본유本有이고 금유今有이며 어디서 만들어진 것이 아니다. 본래 청정하므로 굳이 닦을 필요가 없다. 자성이 청정하고 해탈이며, 번뇌를 여의었기 때문이다. 곧 그대의 본 자성은 본래부터 부처이므로 달리 부처를 구하지 말라."

마조는 견문각지見聞覺知하는 작용조차도 본 자성에서 나온다고 보았다. 행동하고 움직이는 모든 것이 부처의 행이요, 부처의 마음이다. 그래서 굳이 수행하지 말라는 것이다. 마음의 각오覺悟는 있다거나 없다는 문제가 아니라 언제 어느 때나 어느 사람에게나 존재하기 때문이다.

10. 흘러가는 대로 사는 것, 그 외에 또 무엇이 필요하겠는가?!

云 今正妄念起時 佛在何處 師云 汝今覺妄起時 覺正是佛 可中若
無妄念 佛亦無 何故如此 爲汝起心作佛見 便謂有佛可成 作衆生
見 便謂有衆生可度 起心動念 總是汝見處 若無一切見 佛有何處
所 如文殊纔起佛見 便貶向二鐵圍山 云 今正悟時 佛在何處 師云
問從何來 覺從何起 語默動靜一切聲色 盡是佛事 何處覓佛 不可
更頭上安頭 嘴上加嘴 但莫生異見 山是山 水是水 僧是僧 俗是俗
山河大地 日月星辰 總不出汝心 三千世界都來是汝箇自己 何處
有許多般 心外無法 滿目靑山 虛空世界 皎皎地無絲髮許 與汝作
見解 所以一切聲色是佛之慧目 法不孤起 仗境方生 爲物之故
有其多智 終日說 何曾說 終日聞 何曾聞 所以釋迦四十九年說
未曾說著一字

배휴가 물었다.

"지금 바로 망념이 일어날 때, 부처는 어디에 있습니까?"

선사가 말씀하셨다.

"그대가 지금 망념이 일어난 줄을 자각하는 때, 그때의 자각이 바로 부처이다. 그 가운데 만약 망념이 없다면, 부처도 또한 없다. 무슨 이유로 이렇게 말한다고 생각하는가? 그대가 마음을 일으켜 '부처'라는 견해를 짓는다면 문득 부처가 있어서 성불할 것이 있다고 말하는 것이다. 중생이라는 견해를 낸다면 문득 제도해야 할 중생이 있다고 말하는 것이다. 마음을 일으켜 움직이는 생각은 모두 이 견처일 뿐이다. 만약 일체의 견처가 없다면 부처는 어디에 있겠는가? 마치 문수가 부처라는 견해를 일으켰다가 문득 두 철위산으로 쫓겨 간 것과 같다."

배휴가 물었다.

"지금 바로 깨닫는 때에 부처는 어디에 있습니까?"

선사가 답하였다.

"그대는 '어디로부터 왔느냐?'고 물어보는군. 정각은 어디로부터 일어나겠는가? 말하고 침묵하며 움직이고 고요하며, 모든 소리와 형태가 모두 부처의 일이거늘 어느 곳에서 부처를 찾는가? 머리 위에 다시 머리를 얹으려고 하지 말고, 뿔 위에 뿔을 더하지 말라! 다만 다른 견해를 내지 마라. 산은 산이요, 물은 물이며, 승려는 승려이고, 속인은 속인이다. 산하대지 일월성신이 모두 그대의 마음을 벗어나지 않는다. 삼천세계가 모두 그대의 본래적인 자기(본래면목)이다. 어느 곳에 다시 이렇게 허다한 일이 있겠는가? 마음 밖에 법이 없다. 눈 가득히 푸른 산, 허공 세계가 희고 깨끗하니, 한 터럭을 보더라도 그대는 견해를 짓지 말라. 그러므로 모든 소리와 형태(一切聲色)가 부처님의 지혜 안목이다. 법은 홀로 일어나지 않고, 경계를 의지하여 생겨난다. 경계를 의지하기 때문에 많은 지혜가 있는 것이다. 온종일 설했다고 하지만 일찍이 설한 것이 있는가? 온종일 일찍이 들었다고 하지만 들은 것이 있는가? 석가모니 부처님도 49년간 설하고도 한 자도 설하지 않았다고 하였다.

—— ◯Ꙅ◯ ——

"망념이 일어난 것을 자각할 때, 그때가 바로 부처이다." 이하를 보자. 마조계(황벽을 포함해) 제자들은 견見·문聞·각覺·지知의 작용까지도 마음의 작용이라고 하였다. 곧 일상의 행위가 다 불성의 전체작용(作用即性)이라고 하며, 중생심의 전체를 부처로 보았다. 바로 이 점을 규봉 종밀(圭峰宗密, 780~841)이 비판하였다.(이 비판은 마조를 비판했다고 하지만 마조계 문하 제자들을 비판한 것이며, 대표적으로 황벽을 겨냥했다고 볼 수 있다.)

종밀의 홍주종 비판은 이러하다. "홍주종은 불성의 작용만을 보고 본체를 보지 못하는 오류를 범하고 있다. 즉 물이 배를 띄워 강을 건너게 해주기도 하지만 배를 뒤집어엎어 파괴해 버리는 좋지 않은 작용도 있다. 또한 파도가 치고 물결을 이루는 등 계속 움직이고 있는 작용의 물만 있다고 하지, 늘 변하지 않는 본체로서의 습성이 있다는 사실을 모르는 것과 같다."

그러면서 종밀은 공적空寂한 지知가 있는데, 이것이 진성眞性이요,

'지知 일자一字는 중묘衆妙의 문門'이라고 하며 본체를 강조하였다. 여기서 종밀이 말하는 '지'란 쌓아서 얻어지는 앎이 아니며, 터득하여 얻어지는 지혜도 아니다. 인간의 본성으로서 본래부터 갖추어져 있어 자연히 항상 아는 앎(知)이다.

마조계와 종밀이 말하고 있는 불성 이론을 한마디로 정리해 보면, 마조계의 심心은 중생심衆生心 전체가 부처라고 하는 데 반해 종밀은 불성·진성眞性만을 부처로 보는 견해이다. 그런데 역사는 아이러니하다. 하택 신회(荷澤神會, 670~762)가 세운 하택종의 종밀 선은 종밀 대에서 단절되었지만, 마조계의 선은 크게 번성하였다. 결국 선의 흐름은 마조계로 흘러 번창해 지금에까지 이르고 있다.

원문에서 보듯이 황벽도 지금 현재 움직이는 모든 것, 곧 보고 듣고 생각하는 모든 작용(見·聞·覺·知)이 깨달음의 주체라고 보고 있다. 황벽은 할아버지뻘 스승인 마조와 같은 사상이다. 즉 보고 듣고 말하며 움직이는 모든 일상적인 생활에서 도를 행한다고 하는 평상심 그대로의 발현이요, 전체작용의 단면인 것이다. 『마조록』에도 이렇게 나타나 있다.

"그대들이 그때그때 던지는 말 가운데서도 대상 그 자체는 항상 그대로 진리이며, 거기에는 어떠한 차이도 없다. 보리菩提 도과道果도 마찬가지이다. 이런 도리를 깨달으면, 때에 따라 옷 입고 밥 먹으며 … 흘러가는 대로 사는 것이다. 그 외에 또 무엇이 있겠는가."

황벽은 원문에서 마음이 바로 부처임을 알지 못하고 밖에서 찾는 것을 안타까워하며 '머리 위에 다시 머리를 얹지 말라'고 하였다. 이는 연야달다가 자기 머리가 있는데도 '머리가 어디로 갔느냐?'고 찾는 것에 비유한 것과 같다. 이 내용은 『수능엄경』 권4에 수록되어 있는 장두멱두將頭覓頭 고사이다. 다음 내용을 통해 장두멱두의 설명을 대신한다.

서양 심리학자가 현대인들에게 쉽게 명상하는 법을 소개하면서 이런 내용을 언급하였다. "(명상을 하다가) 긴장된다 싶으면 온몸에 힘을 풀고 심호흡을 하라. 해답은 그대 마음 안에 본래 있었던 거야, 그걸 깨닫기만 하면 돼." 바로 이 점이다. 자신을 벗어나 깨달음이 있는 것이 아니다.

『육조단경』 서두에 "보리자성은 본래 청정하다. 단지 그 마음을 쓰면, 바로 성불해 마친 것이다(菩提自性本來淸淨 但用此心直了成佛)."라고 하였다. 즉 원래 갖추어진 부처이니, 움직이고 말하는 그 자체가 성불되어 있는 것이다. 곧 본래 성불되어 있는 상태에서 움직이고 말하기 때문에 부처의 행(佛行)이다. 그래서 임제도 "불법은 애쓸 필요가 없다. 다만 일상에서 무사無事하여 대소변을 보며 옷 입고 밥 먹으며 피곤하면 잠을 잘 뿐이다."고 하며 수처작주隨處作主 입처개진立處皆眞이라고 하였다.

이런 눈으로 세상을 바라보니, 그 마음이 곧 세계요, 그 세계는 마음을 여의고서 존재할 수 없다. 『보등록』에서는 "산하대지가 법왕의 몸을 그대로 드러낸다(山河及大地全露法王身)."고 하였다. 세상에 보이는 것은 나의 마음 작용인 불성의 현현이다. '산하대지현진광山河大地現眞光!', 산하대지 모든 것이 참 진리인 빛의 나툼이다. 혹 독자들은 자신 스스로를 퇴보시켜 스스로를 중생이라고 하는 것은 아닌가?!

붓다로 살자.

11. 얻었다는 것도, 얻지 못했다는 것도, 마음 두지 않는 무소득심

云 若如此 何處是菩提 師云 菩提無是處 佛亦不得菩提 衆生亦不
失菩提 不可以身得 不可以心求 一切衆生卽菩提相 云 如何發菩
提心 師云 菩提無所得 你今但發無所得心 決定不得一法 卽菩提
心 菩提無住處 是故無有得者 故云 我於然燈佛所 無有少法可得
佛卽與我授記 明知一切衆生本是菩提 不應更得菩提 你今聞發
菩提心 將謂一箇心學取佛去 唯擬作佛 任你三祇劫修 亦祇得箇
報化佛 與你本源眞性佛 有何交涉 故云 外求有相佛 與汝不相似

배휴가 물었다.

"만약 이와 같다면, 어느 곳에 보리가 있는가?"

선사가 답하였다.

"보리는 일정한 장소가 없으며, 부처도 또한 보리를 얻지 않았다. 중생 또한 보리를 잃지 않았다. 몸으로 얻을 수 없으며, 마음으로도 구할 수 있는 것이 아니다. 일체중생이 곧 보리의 모습이다.

배휴가 물었다.

"보리심을 어떻게 발發해야 합니까?"

선사가 답하였다.

"보리는 얻는 것이 아니다. 그대는 다만 무소득심을 발해야 한다. 결정코 한 법도 얻을 것이 없는 것이 보리심이다. 보리는 일정하게 머무는 곳이 없다. 이에 얻을 것이 없다고 하는 것이다. 그래서 경에서 '내가 연등불의 처소에서 조금도 얻은 법이 없으므로 부처님께서 내게 수기를 준 것이다.'라고 하였다. 분명히 알라. 일체중생이 본래 보리이므로 다시 얻을 보리가 없다. 그대는 지금 '보리심을 발해야 한다'는 말을 듣고 하나의 마음을 갖고 부처를 배워 얻는다고 하며, 오직 부처를 짓는 것이라고 헤아린다면 그대가 삼아승지겁을 닦는다고 해도 역시 보신과 화신만을 얻을 뿐, 어찌 그대의 본원진성불本源眞性佛과 교섭하겠는가?! 그러므로 외부에서 구하는 형상이 그대와는 비슷하지 아니하다."

— ∝℘ —

"보리는 일정한 장소가 없으며, 부처도 또한 보리를 얻지 않았다. …"에는 이제까지 거론했던 내용이 함축되어 있다. 조사선은 철저한 본각·본래성불 사상에서 출발하기 때문에 중생이라고 보리를 잃지도 않지만, 부처라고 해서 보리를 새로 얻는 것이 아니라는 뜻이다. 그래서 우리가 매일 독송하는 『반야심경』에서도 "생겨나지도 않지만 사라지지도 않는다. 점점 증가하는 것도 아니지만, 점점 감소되는 것도 아니다(不生不滅 不增不減)."라고 하였다.

『전등록』 5권의 「온주 영가현각선사」에 의하면, 현각(665~713)은 이런 말을 하였다. "배움을 초월한 무위한도인은 망상을 끊지도 않지만 참된 보리를 구하지도 않는다. 무명의 본래성품이 그대로 참 불성이고, 허깨비 텅빈 몸이 그대로 법신이기 때문이다." 그러면서 이런 경지에 머물러 있는 사람을 절학무위한도인絶學無爲閑道人(앞 전심법요 「24. 마음을 쉬고, 또 쉬어라」 참고)이라고 하였다. 중국 근현대 선지식인 허운(虛雲, 1840~1959) 선사 법문에도 이런 내용이 있다.

"보리는 곧 깨달음이고, 깨달음이 곧 도이며, 도는 곧 묘심妙心이다. 이 마음이 본래 원만 구족하여 조금도 모자람이 없음을 알고, 지금 자기의 성품 가운데서 찾아야 하며, 자기를 긍정해 발심해야 한다. 만약 자신이 스스로 발심하지 않으면 비록 석가모니 부처님이 다시 출세한다고 해도 그대들을 어찌 할 수 없다."

"무소득심無所得心을 발發할 것…"에서 '무소득'은 대승경전 곳곳에 나오는 말이다. 원대의 몽산 덕이(1231~1308)도 제자들에게 "참선의 오묘한 도리는 감히 외도들이 서로 법을 전수해 스승과 제자가 되며, 무엇을 얻고자 하는 것을 공부의 목적으로 삼는 것과는 다르다."라고 하였다. 곧 무소득에 대해서 아뇩다라삼먁삼보리심을 발하는데, 굳이 어떤 무엇을 얻고자 하는 마음도 내지 말고, 이분법적 견해도 없는 청정심을 의미한다고 볼 수 있다. 『유마경』 「문수사리문질품」에도 "어떤 것과 반연되는 것이 없어야 하는데, 바로 무소득이어야 한다. 이 무소득은 바로 두 견해를 여의는 것이다(以無所得 若無所得 則無攀緣

何謂無所得 謂離二見)."라고 하였다.『반야심경』에서도 결국 공이라고 할 것도 없고, 얻을 것조차 없는 무소득의 경지를 언급하고 있다. 청정한 자성을 바탕으로 하고 있기 때문에 군이 또다시 덧붙여 얻을 지혜가 없는 것이요, 또한 거기에 얻었다는 관념조차 있을 수 없다. 이를 체득했을 때, 무소득의 경지요, 무주심無住心의 경지이다.

"연등불의 처소에서 조금도 얻은 법이 없으므로 부처님께서 내게 수기를 준 것"은『금강경』10품에 나오는 내용이다. '깨달음이 어떤 것'이라고 정의 내릴 수도 없지만, 어떤 무엇이라고 할 수도 없다. 곧 본래의 상태로 되돌아가는 것, 본래 자리로 돌아가는 것인데, 어떤 무엇이 있어 얻었다고 한다면 곧 상相을 내어 집착하는 것이다. 이에 부처님이 옛날 연등불의 처소에서 어떤 무엇을 얻었다는 그 집착심(관념)조차 없었기 때문에 연등불로부터 수기 받았음을 강조하는 것이다.

12. 본 자성은 광대원만해 늘지도 줄지도 않는다

問 本旣是佛 那得更有四生六道種種形貌不同 師云 諸佛體圓
更無增減 流入六道 處處皆圓 萬類之中 箇箇是佛 譬如一團水銀
分散諸處 顆顆皆圓 若不分時 祇是一塊 此一卽一切 一切卽一
種種形貌 喻如屋舍 捨驢屋入人屋 捨人身至天身 乃至聲聞緣覺
菩薩佛屋 皆是汝取捨處 所以有別 本源之性 何得有別

배휴가 물었다.

"본래 이미 부처라고 한다면, 어찌해서 사생육도가 있어서 가지가지
형상과 모습이 다릅니까?"

황벽이 말했다.

"제불의 본체는 (광대)원만해서 다시 늘거나 줄어듦이 없다. 육도에
흘러들어도 처처가 다 원만하다. 수많은 존재 가운데 각각 개개가
모두 부처이다. 비유하면 한 덩어리의 수은이 여러 곳으로 흩어져도

각각 방울방울이 다 원만한 것과 같다. 혹 나눠지지 않을지라도 다만 한 덩어리일 뿐이다. 바로 하나가 곧 일체이며, 일체가 곧 하나이다. 가지가지 형상과 모양은 마치 집과 같다. 당나귀의 집을 버리고 사람의 집에 들어가며, 사람의 몸을 버리고 하늘의 몸을 얻으며, 성문·연각·보살·부처의 집에 이르기도 한다. 모두 이러한 것은 그대의 취하고 버리는 (분별심 때문에) 차별이 있는 것이지, 어찌 본원의 성품에 차별이 있겠는가?!

───── ৫৪৪ন ─────

깨달음의 본체인 일심, 자성은 감히 어떤 언설로 설명할 수도 없으며, 늘거나 줄어드는 것도 아니고, 청정하고 더러운 것이 아니다. 원만 광대하며 텅 비고 밝아서 저절로 비춘다. 그래서 3조 승찬도 『신심명』에서 "둥글기가 큰 허공과 같아서 모자람도 없고 남음도 없으니, 취하고 버리는 분별심을 버려야 한다."고 하셨다.

"사생육도"는 중생이 태어나 살고 있는 형태이다. '4생四生'은 태란습화胎卵濕化이다. 태생은 인간이나 포유류 동물들이 태어나는 형태이고, 난생은 알로 태어나는 것이며, 습생은 습한 기운에서 태어나는 것이고, 화생은 다른 물건에 기생하지 않고 스스로의 업력에 의하여 홀연히 탄생하는 중생이다. 6도六道란 지옥·아귀·축생·수라·인계·천상계로서 중생이 윤회하는 카테고리를 말한다. 성문·연각·보살·부처는 사성四聖이라고 하며, 지옥~부처까지를 십계十界라고 한다.

"바로 하나가 곧 일체이며, 일체가 곧 하나이다."는 『화엄경』에서 언급하는 4법계관 중 '사사무애事事法界'라고 할 수 있다. 간단하나마 4법계를 보자.

첫째, 사법계事法界는 연기에 의해 형성된 차별 현상계이다. 곧 현재 우리 눈앞에 펼쳐져 있는 그대로의 모습이다. 물은 강에서 흐르며, 산은 산에 있고, 축생은 축생대로의 삶이 있으며, 허공에 나는 조류는 조류대로의 삶이 있다. 각각 방해하지 않으며, 서로서로 조화를 이루며 법계가 존재하는 것을 말한다.

둘째, 이법계理法界는 우주만유 존재의 평등한 법계로서 본질적인 측면을 말한다.

셋째, 이사무애법계理事無碍法界는 차별의 현상과 평등한 본체 법계가 서로 어우러져 있으면서 차별이 있는 듯하면서 평등하고, 상대와 절대가 원융한 법계이다. 곧 색色에 즉한 공空이요, 공에 즉한 색이다. 중생이 곧 부처요, 부처가 곧 중생이므로, 중생을 떠나서 부처가 존재하는 것이 아니며, 부처를 여의고 중생이 있는 것도 아니다. 중생 그 자체가 부처인 것이다. 또한 생사가 곧 열반이요, 열반이 곧 생사이다. 생사를 떠나서 열반이 있을 수 없음이요, 열반을 떠나서 생사가 있을 수 없다. 이사원융·본질과 현상·진공묘유眞空妙有라고 할 수 있는 법계를 말한다.

넷째, 사사무애법계事事無碍法界란 이사가 무애 원융한 것처럼 사와 사가 걸림 없음을 말한다. 일체현상이 다 본체계에 상즉相卽하는 것이라고 한다면 그 현상들 각각이 서로서로 상즉하는 것도 당연한 이치이다. 평등한 진리의 일심에서 연기한 일체만법의 낱낱 존재가

서로 관련해서 원융무애한 것을 말한다. 공간적으로는 일체시방一切十方의 모든 국토는 부처의 한 터럭에 들어가 충만하다. 그 한 터럭에서 분별하여 일체세계를 알며, 일체세계 중에 모두 분별하여 일모공성一毛孔性을 안다. 시간적으로는 일념一念에 일체세계를 알아 모두 남음이 없는 경지에 드는 것이다. 무량겁이 바로 일념이며, 일념이 곧 무량겁이다. 그래서 하나가 모두이며, 모두가 하나인 일즉다一即多 다즉일多即一이다.

"가지가지 형상과 모양은 마치 집과 같다. …"는 중생이 6도에 윤회하는 현상을 말한다. 축생으로 태어나거나 혹은 인간으로 태어나기도 한다. 혹 성문이나 연각, 깨달음에 이르는 부처가 되기도 한다. 여기서 황벽 선사는 불교 교리를 설명코자 하는 것이 아니라, 본래 자신에게 구족된 불성을 자각하는 그 자리가 바로 부처라고 한다. 그렇지 못하다면, 깨달을 수 있는 가능성을 갖춘 인간도 어리석은 중생으로 떨어질 것이다. 여기서 강조하는 것은 모든 인간이 본래 깨달아 있는 존재라는 본래자각을 드러내는 것이다.

13. 마술사가 마술로 만든 허깨비에게 법을 설하다

問 諸佛如何行大慈悲 爲衆生說法 師云 佛慈悲者無緣 故名大慈
悲 慈者不見有佛可成 悲者不見有衆生可度 其所說法 無說無示
其聽法者 無聞無得 譬如幻士爲幻人說法 這箇法 若爲道我從善
知識言下領得 會也 悟也 這箇慈悲 若爲汝起心動念學得他 見解
不是自悟本心 究竟無益

배휴가 물었다.

"제불은 어떻게 대자비를 행하며, 중생을 위해서 법을 설하십니까?"

선사가 답하였다.

"부처님의 자비는 무연無緣이므로 '대자비'라고 이름한다. '자'는
이뤄야 할 부처가 있다는 견해를 내지 않는 것이고, '비'는 제도해야
할 중생이 있다는 견해를 내지 않는 것이다. 법을 설했다고 하지만
설한 바도 없고, 보인 것도 없다. (상대적으로) 법을 듣는 자는 들었다

고 하지만 들은 자도 없고, 증득한 자도 없다. 비유컨대 마술사가 마술로 만든 허깨비에게 법을 설한 것과 같다. 이와 같은 법을 어떻게 '내가 선지식으로부터 언하에 알고 깨달았다'고 하겠는가? 이런 자비를 어찌 그대가 마음을 일으키고 생각을 움직여 밖에서 (타인으로부터) 얻으려고 하는가?! 이는 타인의 견해이지, 스스로 본심을 깨달은 것이 아니다. 끝내 어떤 이익도 얻지 못한다."

— ❧ —

성불해야 할 중생이 있는 것도 아니고, 제도할 중생이 따로 있는 것이 아님을 설하고 있다. 본래성불된 본각의 차원에 입각해 볼 때 제도하는 자가 따로 있고, 제도 받을 자가 따로 있는 것이 아니기 때문이다. 이런 데서 인연해 한국이나 중국 사찰 도량에 '무설전無說殿'이라는 현판이 걸린 당우가 있다. 부처나 중생이 모두 똑같은 일심을 갖고 있으니, 설한 자도 없는 것이요, 들은 자도 없는 것이다. 황벽도 원문에서 "부처와 중생은 일심에 있어 아무런 차이도 없다."는 말을 많이 하였다. 이 점은 『금강경』 3품에도 드러나 있다. "보살이 헤아릴 수 없는 중생을 열반에 들게 했지만, 실제로는 한 중생도 열반을 얻은 중생이 없다." 곧 보살은 상相을 여읜 청정심(無心)을 갖춘 해탈자이고, 그 제도를 받은 중생 또한 청정심을 여읜 위치에 머물러 있기 때문이다. 그래서 자비에 대한 해석도 선에서는 베풂의 의미로 해석하지 않는다.

원문과는 다른 뜻으로 『대지도론』에 부처님의 삼불능三不能이 있다.

첫째, 불능면정업중생不能免定業衆生은 부처님이 최고의 지혜를 구족한 분이지만, 각자 중생이 갖고 있는 정업定業은 스스로가 해결해야 하는 것을 의미한다.

둘째, 불능도무연중생不能度無緣衆生은 인연 없는 중생은 제도하기 어렵다는 뜻이다.

셋째, 불능진중생계不能盡衆生界는 부처님께서 일체중생을 다 제도하려고 하지만 모든 중생계가 다해도 제도할 수 없다는 것이다.

글쎄! 원문에서 말한 선적인 의미와 다르게 '삼불능'이 있는데, 현실적으로 맞는 말이다. 사찰 부근에 사는 사람들이 오히려 신심이 없는 경우가 많다. 멀리 천리 밖에서 부처님을 친견하러 온다. 여하튼 '인연'이라는 것도 무시할 수 없는가 보다. 그래서 옛 스님들은 "인간사 인연이 아주 기묘하다. 인연이 부족할 때는 삶아 놓은 달걀에서 오리도 날아가 버리게 되고, 인연이 갖추어지면 돈을 찾으러 다니지 않아도 돈을 갖고 저절로 사람이 찾아온다."고 하였다.

또 삼불능 가운데 처음 이야기인 '자기의 업은 자기가 해결해야 한다.'는 것에 주목해보자. 불교는 신의 종교가 아니라 스스로의 의지에 의해 업을 닦아가는 수행의 종교이다. 신이 주는 능력과 의지로 살아가는 것이 아니라, 자신의 노력과 의지로 살아가야 한다. 자신의 인생을 책임지고 주도해 갈 사람은 신이 아니라 바로 자신이다. 어느 누구도 자신을 대신해 살아주지 않는다. 스스로의 힘으로 일어나야 한다. 파스칼(Blaise Pascal, 1623~1662)은 "불행의 원인은 늘 내 자신으로부터 비롯된다."라고 하였다. 우리의 행복과 불행은 자신 스스로에 의해 만들어진다. 곧 행복과 불행의 기로에서 어느 쪽을 선택할 것인지의 열쇠는 자신이 쥐고 있다. 이렇게 주도적으로 만들어가는

선업善業에 의해 인생은 빛이 나는 것이요, 부처가 될 수 있는 지름길이
있다.

14. 멈추지 말고, 쉼 없이 천천히 나아가되 뒤로 퇴보하지만 말라

🦋

問 何者是精進 師云 身心不起 是名第一牢彊精進 纔起心向外求
者 名爲歌利王愛遊獵去 心不外遊 卽是忍辱仙人 身心俱無 卽是
佛道

배휴가 물었다.

"어떤 것이 정진입니까?

선사가 답하였다.

"몸과 마음을 일으키지 않는 것, 이것이 제일 위대한 정진이다.
잠깐이라도 마음이 외부를 향하여 법을 구하는 것을 '가리왕이 사냥을
즐기는 것'이라고 한다. 마음이 밖에서 떠돌아다니지 않는 사람을
'인욕선인'이라고 한다. 몸과 마음, 모두 잊는 것을 '불도'라고 한다."

── ∝⃜⃜ᴥ ──

배휴가 "정진"에 대해 묻자, 선사는 몸과 마음이 모두 무심한 경지가 인욕이라고 하였다. 황벽의 선사상과는 다른 차원에서 정진을 보자. 불교가 수행의 종교이다 보니, 불퇴전不退轉·상정진常精進·불휴식不休息 등 정진과 관련한 용어가 많다. 그런데 도대체 어떤 마음으로 정진하라는 것인가? 경전에 입각해 보면, '바른 법(善法)과 그렇지 못한 법(不善法)인지를 잘 판단해서 올바르게 노력하는 것'이라고 정의할 수 있다.

대승불교에서는 스님들이 '이번 생에 사람 몸 받았을 때, 반드시 깨달아야 한다'고 강조하다 보니, 정진에 있어 지나치게 앞질러 나아가는 점이 있다. 대만 성엄(聖嚴, 1930~2009) 스님의 108자재어 가운데 정진에 대해 "정진은 필사적인 것이 아니라, 노력을 게을리 하지 않는 것이다."라고 말씀하셨다. 필자도 이렇게 말하고 싶다. '멈추지만 말고, 쉼 없이 천천히 나아가되 뒤로 퇴보하지만 말라'고 …

"가리왕이 사냥을 즐기는 것"이라는 내용은 『금강경』 14품 「이상적멸분」에 나오는 내용이다. "내가 옛날 가리왕에게 신체가 잘림을 당하면서도 나는 그때에 아상·인상·중생상·수자상이 없었다. 만약 내가 그 옛날에 신체가 잘리는 고통을 당할 때 네 가지 상이 있었다면 응당히 화를 내었을 것이다. 수보리야, 또 과거 오백세 인욕선인이었을 그때도 네 가지 상이 없었다." 이렇게 부처님께서 과거 인욕보살로서 수행할 때, 인욕을 했기 때문에 모든 상相을 여의고 깨달았다는 것이다. 그런데 『금강경』에서 제시하는 인욕바라밀은 고통을 잘 참는 것을 뛰어넘어 '내가 참는다'는 관념조차 염두에 두지 않는 인욕이며, 그 상대방에 대한 의식조차 갖지 않고 인욕해야 한다. 곧 '내가 참는다는 생각'과 나를 인욕하게 만드는 대상까지 잊은 채 참는 무주상인욕無住相忍辱, 이것이 진정한 인욕인 것이다.

『사십이장경』에 한 제자가 "수행할 때나 살아갈 때 가장 공 들여야 하는 일이 무엇이냐?"고 묻자, 부처님께서 "인욕수행이 가장 힘이 많이 든다. 인욕을 잘한 사람은 악한 마음이 없으므로 다른 사람들의 존경을 받는다."고 하였다. 또한 『유교경』에서도 부처님께서 이런 말씀을 하셨다.

"수행자들이여, 어떤 사람이 와서 너의 사지를 마디마디 자르더라도 화를 내지 마라. 화를 참지 못하고 행동하면 도를 해쳐서 공덕을 잃게 된다. 계율을 지키거나 고행하는 것보다 인욕하는 공덕이 매우 수승하다. 참기 어려운 일을 참았을 때, 바로 이런 사람을 성자라고 한다. 만약 참기 어려운 경계가 닥쳤을 때, 감로수를 마시듯이 욕됨을 자연스럽게 받아들이고 웃어넘겨라. 또한 (그대에게) 비방하고 악담한 사람을 선지식으로 여기고 받아들인다면, 이런 사람을 지혜로운 사람(智者)이라고 할 수 있다."

필자도 경전을 보면서 느꼈지만, 초기·대승 불교경전을 망라한 수행법 가운데 가장 중시할 점은 인욕이라고 본다. 이 점은 아함부 경전에서도 현저하게 드러나 있다. 『법화경』에서도 법화행자가 꼭 갖춰야 할 기본으로 자비·인욕·공사상 체득을 언급하고 있으며, 『유마경』에서도 "보살은 지계·자비·인욕을 갖춰야 한다."고 하였다. 두 경전의 공통점은 자비와 인욕을 함께 거론하고 있다는 점인데,

황벽의 법문도 유사하다. 인욕은 출가자만이 아니라 재가자로서 세상을 살아가는 데도 매우 중요한 삶의 기반이라고 본다.

그런데 자비·인욕과 더불어 반드시 수반되어야 할 항목이 하나 더 있다. 바로 '용서'이다. 6바라밀 수행 항목에는 없지만, 용서가 수반되어야 진정한 인욕, 진정한 자비 실천이 된다고 본다. 아무튼 인욕과 자비 모두 정진으로 귀착되는 점을 볼 때, 얼마나 정진이 중요한지를 실감한다.

또 황벽은 "마음이 밖에서 떠돌아다니지 않는 사람"을 언급하고 있다. 황벽 선사가 어떤 의미로 말했는지 정확한 의도는 알 수 없지만, 밖에서 마음을 구하지 말라는 의미라고 생각된다. '밖에서 구하지 말라'는 말은 어느 선사들이나 공통적으로 하는 말씀이다. 달마대사도 수행의 요소(四行) 가운데 무소구행無所求行을 언급하며, 가치를 밖에서 구하지 말고 집착하지도 말라고 하였고, 혜능도 "부처는 자성 가운데서 이루는 것이니 몸 밖을 향하여 구하지 말라."고 하였다.

또 마조의 설법에도 "법을 구하는 이는 구하는 것이 있어서는 안 된다."라고 하며 "마음 밖에 부처가 따로 있지 않으며, 부처를 떠나 마음이 따로 있는 것이 아니다(心外無別佛 佛外無別心)."라고 하였다. 이 문구는 강서성江西省 정안현靖安縣 보봉사寶峯寺 도량 내에 있는 마조의 사리탑 뒷면에 새겨져 있을 정도다.

15. 그대 너무 걱정하지 마라! 걱정을 만드는 자가 누구인가?

問 若無心行此道 得否 師云 無心便是行此道 更說什麼得與不得
且如瞥起一念 便是境 若無一念 便是境 妄心自滅 無復可追尋

배휴가 물었다.

"만약 무심이라면, 이 도를 행해서 얻을 수 있는 것입니까?"

선사가 답하였다.

"무심이 곧 도를 행하는 것이다. 다시 무엇을 더 얻고, 얻지 못한다고 하는가? 다만 잠깐이라도 일념을 일으키면 문득 경계에 끌려간다. 만약 일념을 일으키지 않는다면 곧 경계도 사라진다. 망심이 스스로 사라지면, 다시 쫓아서 구할 필요가 없다."

───── ୦୨୫୦ ─────

이 어록의 주제인 "무심"이 또 언급되어 있다. 황벽은 청정심에 바탕을 둔 무심을 강조한다. 그러니 그 무심 자리에 생각을 일으키지 말라는 의미이다. 혜능의 『단경』에서도 "중생이 곧 부처요, 번뇌가 곧 보리이다. 그러니 찰나에 미혹되면 곧 중생이고, 찰나에 깨치면 곧 부처이다. 한 찰나라도 경계에 집착하면 번뇌이고, 한 찰나라도 경계를 여의면 곧 보리이다."라고 하였다. 그 한 찰나란 한 생각이 만들어내는 것을 말한다. 송나라 때, 자각 종색은 『좌선의坐禪儀』에서 이런 말을 하였다. "생각이 일어나면 바로 자각하라. 자각하는 즉 모든 생각의 실체가 사라진다(念起即覺 覺之即無)."

선사들은 '생각' 그 자체도 망상, 즉 번뇌라고 하였다. 잠깐이라도 생각은 대상 경계를 통해 밖에서 들어오는 것보다 자신 스스로 만들어낸다. 결국 실체가 없는 허상인 것이다. 그래서 그 순간을 알아차리고 자각하는 것만으로도 실체는 사라진다. 법문하는 도중에 간혹 이런 말을 한다. "인간은 생각으로 자기 고통을 만들어낸다." 즉 자기가 생각을 만들고, 생각이 만들어낸 실체가 없는 것으로부터 가격 당해 고통의 늪에 떨어진다. 또 여기서 끝나지 않는다. 한 발 더 나아가 패배의식·좌절감·열등감·두려움 등으로 발전되어 고통을 더더욱 가중시킨다. 그러니 선사들이 언급한 '그 한 생각이 망념'이라는 것이 지당하지 않은가?!

재미난 일화를 하나 소개하겠다.

어느 수행자가 좌선할 때마다 큰 거미가 그를 괴롭혔다. 수행자가 스승에게 그 말을 하였더니, 스승이 그에게 이렇게 말했다.

"다음 좌선할 때는 붓을 들어 거미가 오거든 그놈 배에 동그라미를 그려보아라."

다음날 참선할 때, 큰 거미가 자신에게 기어오고 있었다. 스님은 얼른 붓을 들어 거미의 배에 동그라미를 그렸다. 그러자 거미가 온데간 데없이 사라졌다. 수행자가 참선을 끝내고 나서 자신의 배를 보고 깜짝 놀랐다. 수행할 때, 분명히 거미의 배에 그렸던 동그라미가 자신의 배 위에 있었던 것이다.

마유심생魔由心生(마구니는 자신의 마음에서 비롯되어 자신이 만든다)이다. 이렇게 번뇌도 그러하지만, 인생을 살면서 대부분의 고뇌와 고통은 결국 자신 스스로가 만든다. 그러니 어떤 문제가 발생하더라도 비난의 화살을 자신에게 돌려라. 한편 어떤 것이든 자신이 문제 삼지 않으면 번뇌가 없음을 잊지 마라.

영국의 한 의과대학의 노먼 빈센트 필 박사는 인간이 웃음을 잃어가는 것은 쓸데없는 걱정 때문이라고 하였다. 그러면서 한 연구기관을 통해서 조사한 내용을 밝혔다. 사람이 하는 걱정 중 미래에 발생하지도 않은 사건에 대한 걱정이 40%, 이미 일어난 사건에 대한 걱정이 30%, 별로 신경 쓸 일이 아닌 작은 것에 대한 걱정이 22%, 우리가 바꿀 수 없는 사건에 대한 걱정이 4%였다. 생각의 96%는 쓸데없는 걱정이라는 것이다. 고대 로마 철학자 에픽테토스가 "사람은 사물 때문에 괴로워하는 것이 아니라, 사물에 대한 '생각' 때문에 괴로워한다."고 했듯이, 자신의 (부정적인) 생각으로 끊임없이 고통과 고뇌를 스스로 만들어낸다. 결국 삼계는 곧 자신이 만들어낸 세계인 것이다.

16. 그대 스스로 만든 올가미에 자신을 가두지 마라

問 如何是出三界 師云 善惡都莫思量 當處便出三界 如來出世
爲破三有 若無一切心 三界亦非有 如一微塵破爲百分 九十九分
是無 一分是有 摩訶衍不能勝出 百分俱無 摩訶衍始能勝出

배휴가 물었다.

"어떤 것이 삼계를 벗어나는 것입니까?"

선사가 답하였다.

"선악을 모두 사량하지 않는 것이 삼계를 벗어나는 것이다. 여래께서 세상에 출현하신 것은 삼계를 깨뜨리기 위함이다. 만약 모든 것에 마음이 없다면 삼계 또한 존재하지 않는다. 마치 하나의 티끌을 나누어 100등분하여 99등분을 없애고 한 등분이 남겨져 있다면, 대승의 경지에서 볼 때 완전히 벗어난 것이 아니다. 백 개 모두가 없어져야, 대승의 입장에서 볼 때 완전히 벗어난 것이라고 할 수 있다.

"선악을 모두 사량하지 않는 것이 삼계를 벗어나는 것…"을 보자. 선악을 초월하는 것에 대한 내용이 『육조단경』에 나타나 있다. 앞에서 언급했듯이, 6조 혜능이 스승 홍인으로부터 의발을 받아 영남지방으로 떠났다는 것을 알고, 4품 장군 출신인 혜명이 혜능을 쫓아왔다. 이때 혜명이 혜능에게 예를 취하며 법을 구했을 때, 혜능이 이런 말을 하였다.

"모든 인연을 쉬고 한 생각도 내지 마라. 선도 생각하지 말고 악도 생각하지 마라. 바로 이런 때, 어떤 것이 명 상좌의 본래면목인가?"

이 일화가 공안인 '선도 생각하지 말고, 악도 생각하지 않는 때의 본래면목이 무엇이냐?(不思善 不思惡 本來面目)'이다. 『무문관』 23칙에도 실려 있다. '부모미생지전본래면목'과 같은 의미의 공안이다. 선과 악이라는 도덕 관념을 말하는 것이 아니다. '미추美醜·호악好惡·명암明暗 등 일체 상대적인 분별개념이 일어나기 전의 자성이 무엇이냐?'는 뜻이다. 또한 『단경』 「참회품」에서도 "네 해탈의 향은 제 마음에 반연이 없어서 선도 생각하지 아니하고 악도 생각하지 않으며 자유자재하여 걸림이 없는 것이 해탈향이다."라고 하였다. 3조 승찬도 『신심명』에서 "지극한 도는 어렵지 않다. 간택을 멀리하면 된다(至道無難 唯嫌揀擇)."라고 하였다. 간택揀擇이란 상대적으로 분별하는 계교인데, 이 분별 계교가 없는 그 자리가 바로 해탈되어 있는 경지라는 뜻이다.

"삼계를 깨뜨리기 위함이다. 만약 일체의 마음이 없다면…" 이하를 보자. 『법화경』에서 삼계를 화택火宅에 비유하였다. 곧 삼계가 불타는 세계라는 뜻인데, 번뇌가 가득 찬 세계를 뜻한다. 3계란 욕계欲界·색계色界·무색계無色界이며, 더 세분해 나눠서 '25유'라고 한다. 이 3계는 물리적으로 나눈 세계가 아니다. 여러 의미가 있는데, 3계에 머물러 있다는 것은 생사를 해탈하지 못하고 윤회하는 존재를 나눈 것이다.

첫째로 과거 전생의 선업의 과보로 태어나는 중생의 각 세계를 뜻한다. 둘째로 현세에서 선정을 닦은 자가 사후에 색계천과 무색계천에 출생하는 세계이며, 셋째로 현재 수행할 때 선정 상태에 따라 머무는 경지를 말하기도 한다. 그래서 『화엄경』에서 "3계는 다만 탐욕으로부터 생기나니 12인연이 마음 가운데 있는 줄 알라. 이와 같이 생사도 또한 우리의 마음에서 일으킨 것이니 그 마음을 멸한다면 생사조차 없다."라고 하였다. 곧 3계유심三界唯心이요, 만법유식萬法唯識인 것이다. 이렇게 공간적으로 머무는 세계는 자신의 마음에 따라 지옥도 만들고, 극락도 만드는 것임을 시사한다. 결국 자신이 만들어낸 세계에 자신이 빠져서 허우적대는 것이다. 올가미는 타인이 만들어준 것이 아니다. 스스로 만들어 그 올가미에 스스로 갇히는 것이다.

한편 시간적인 개념으로 세계를 나누면, 곧 일심一心에 있다. 『화엄경』에 "만약 삼세 일체의 부처를 알고자 한다면, 오직 이 일심이 모든 것을 만든다는 것을 관해야 한다(若人欲了知 三世一切佛 應觀法界性 一切唯心造)."라고 하였다. 그 한마음에 한량한 세계, 모든 것이 들어 있다.

근자에 어느 큰스님 법문에 이런 내용이 있다. "사람은 바깥을 향해서 뭐든지 찾으려고 합니다. 나의 행복과 즐거움, 편안함, 보람을 바깥을 향해서만 찾으려고 하는데, 부처님은 그것을 착각이라고 말씀하십니다. 모든 고의 해답이 외부가 아닌 내부에 존재합니다. 눈과 귀로 보고 듣는 데에만 빠지지 말고 자신의 내부를 관찰해 육정(안·이·비·설·신·의)을 다스리는 데 고삐를 늦추지 말아야 합니다. 무념無念으로 정진해야 합니다."

황벽 선사의 말처럼 분별심이 망념에 사로잡히지 않으면 3계 또한 사라질 것이라고 하듯이, 염념念念에 늘 마음이 청정토록 해야 한다. 아니 청정심을 갖고자 노력하는 것만으로도 충분히 해탈할 수 있다고 본다. 바로 이것이 대승인의 모습이라고 황벽은 말하고 있다.

17. 지금 말하고 있는 그대가 부처이다

上堂云 卽心是佛 上至諸佛 下至蠢動含靈 皆有佛性 同一心體
所以達磨從西天來 唯傳一心法 直指一切衆生本來是佛 不假修
行 但如今識取自心 見自本性 更莫別求 云何識自心 卽如今言語
者 正是汝心 若不言語 又不作用 心體如虛空相似 無有相貌 亦無
方所 亦不一向是無 有而不可見 故祖師云 眞性心地藏 無頭亦無
尾 應緣而化物 方便呼爲智 若不應緣之時 不可言其有無 正應之
時 亦無蹤跡 旣知如此 如今但向無中棲泊 卽是行諸佛路 經云
應無所住而生其心

선사가 상당하여 말씀하셨다.

"마음이 곧 부처이다. 위로는 제불로부터 아래로는 꿈틀대는 벌레에
이르기까지 다 불성이 있으며, 동일한 마음의 체성을 구족하고 있다.
달마가 서천에서 와서 오직 일심법만을 전하셨는데, 바로 일체중생이

'본래 부처'임을 가르치셨다. 이에 굳이 (점수적인) 수행을 가자할 필요가 없다. 다만 지금 자기의 마음을 통해 자기의 본성을 보아라. 다시 달리 구할 필요가 없다. 어떻게 자기의 마음을 안다고 하는 것인가? 곧 지금 말하고 있는 자가 곧 그대의 마음이다. 만약 말하지 않는다면 작용도 없다. 마음의 체성이 허공과 같아서 모양도 없고, 방위와 머무는 처소도 없다. 장소가 없다고 하지만 한결같이 없다고 할 수 없고 볼 수 있는 것이 아니다. 그러므로 조사께서 이르되 '진성의 심지心地가 숨어 있어 머리도 없고, 꼬리도 없다. 인연에 응해서 대상을 드러내나니 방편을 지혜라고 부른다.'라고 하였다. 만약 인연에 응하지 않는 때라도 있다거나 없다고 할 수 없으며, 바로 인연에 응하는 때일지라도 또한 종적이 없다. 이미 이와 같은 줄을 알아서 다만 지금 없는 가운데 머물러 있다면 곧 제불의 길을 가는 것이다. 경에 이르되 '응당히 주하는 바 없이 그 마음을 내라'고 하였다."

—— ❦ ——

"상당"이란 방장이나 사찰의 주지가 법상에 올라가 대중들에게 설하는 법문으로, 상당설법上堂說法, 혹은 시중법문示衆法門이라고 한다.

"곧 지금 말하고 있는 자가 바로 그대의 마음"이라는 부분을 보자. 달마 이전 선사로서 후대 조사선에 영향을 미친 부대사(傅大士, 497~569)의 시구 중에도 이런 유사한 내용이 있다. "부처가 간 곳을 알고자 하는가? 지금 말하고 있는 그곳이 바로 부처일세(欲識佛去處 只這語聲是)."

또 당나라 때, 불교학자였던 분주무업汾州無業[5]이 마조 선사를 찾아와 물었다.(『조당집』)

"교학은 다 공부해 마쳤는데, 즉심시불이라는 뜻을 잘 알지 못하겠습니다."

"네가 알지 못한다고 하는 마음, 다시 다른 것이 없다. 알지 못하는 때가 곧 미혹이요, 아는 때가 곧 깨달음이다. 미혹하면 곧 중생이요, 깨달으면 불도이다. 그러니 중생을 여의고 따로 부처가 있는 것이 아니다. 마치 손을 쥐면 주먹이 되고, 이를 펴면 다시 손이 되는 것과 같은 것이다."

부대사의 선시나 마조의 법어 몇 마디에 많은 사상을 함축하고 있다. 현재 말하고 있는 그 작용이 곧 부처요, '알지 못한다고 말하는 마음(卽汝不了底心)'이 곧 부처이다. 모두 부처의 작용에서 나오는 것이요, 깨달음이 완성된 부처가 하는 행(佛行)이기 때문이다. 그래서 멀리서 찾지 말라고 하는 것이다.

마조는 제자들에게 어떤 때는 '즉심시불'이라고 하고, 또 어떤 때는 '비심비불'이라고 하였다. 즉 제자의 질문에 따라 그때그때마다 대답이 달랐다. 곧 수시隨時의 설법, 우는 아기를 달래는 잠시의 방편설에 불과하기 때문이다. 군이 어떤 것이 부처라고 할 필요조차, 군이

---

5 분주무업과 양좌주는 마조계 제자 가운데 사교입선捨敎入禪한 대표적인 승려들이다. 분주무업은 당대의 저명한 불교학자였다. 당나라 말기에 이르면, 교종은 쇠퇴하고, 선종과 정토종이 크게 고조되기 시작하였다. 특히 조사선 시대, 마조로부터 시작해 선종이 발전하기 시작하는 분기점이었고, 수많은 불교학자들의 귀의가 있었다.

정의조차 할 수 없다. 석두 희천(石頭希遷, 700~791)은 『전등록』에서 "선정이니 정진이니 하는 따위에 빠지지 않고, 불지견을 통달하면 곧 그 마음이 부처가 된다. 그래서 청정심·부처·중생·보리·번뇌가 이름만 다르지, 그 본체에 있어서는 동일하다."고 하였다. 곧 부처라고 하는 것이나 중생이라고 하는 것 등은 하나의 생각에서 나온 망상이다. 흔히 견성見性이라고 하는 것은 견불성見佛性이요, 견본성見本性이다. 바로 지금 말하고 있는 그 자리, 알지 못해 미혹한 마음, 그 자체가 이미 깨달음의 장소이며 그곳을 벗어나서 깨달음을 구할 수 없기 때문에 황벽도 이렇게 말하고 있다.

"조사께서 이르되 진성의 심지心地가 숨어 있어~"는 서천 26조 조사인 불여밀다의 전법게송이다.

"응당히 주하는 바 없이 그 마음을 내라."는 『금강경』 10품에 출처를 둔다. 본서에서 여러 번 언급된 내용이다.

18. 천국과 지옥, 그대 마음은 어디에 머물고 있는가!?

🦋

一切衆生輪迴生死者 意緣走作 心於六道不停 致使受種種苦 淨名云 難化之人 心如猿猴 故以若幹種法 制馭其心 然後調伏 所以心生種種法生 心滅種種法滅 故知一切諸法皆由心造 乃至人天地獄 六道脩羅 盡由心造 如今但學無心 頓息諸緣 莫生妄想分別 無人無我 無貪瞋 無憎愛 無勝負 但除卻如許多種妄想 性自本來清淨 卽是修行菩提法佛等 若不會此意 縱你廣學 勤苦修行 木食草衣 不識自心 皆名邪行 盡作天魔外道 水陸諸神 如此修行 當復何益 誌公云 本體是自心作 那得文字中求 如今但識自心 息知思惟 妄想塵勞 自然不生 淨名云 唯置一床 寢疾而臥 心不起也 如人臥疾 攀緣都息 妄想歇滅 卽是菩提 如今若心裏紛紛不定 任你學到三乘四果十地諸位 合殺祇向凡聖中坐 諸行盡歸無常 勢力皆有盡期 猶如箭射於空 力盡還墜 知歸生死輪迴 如斯修行 不解佛意 虛受辛苦 豈非大錯

일체중생이 생사에 윤회하는 것은 의식으로부터 인연되어 끌려 다니면서 마음이 육도에 윤회하므로 갖가지 고를 받는다. 정명이 이르기를 "교화하기 어려운 사람은 마음이 원숭이와 같다. 그러기에 갖가지 법으로 먼저 그 마음을 다스린 뒤에 조복시킨다."고 하였다. 그래서 마음이 일어나면 가지가지 법이 일어나고, 마음이 멸하면 가지가지 법이 멸한다. 일체제법이 마음으로부터 말미암아 만들어지고 인간·천계·지옥·아수라 육도가 마음으로부터 만들어진다. 지금 다만 무심을 배운다면 몰록 모든 연이 쉬어진다. 또한 망상분별이 사라지며, 나와 타인이 없고, 탐진貪瞋·증애憎愛·승부勝負가 없어진다. 또한 수많은 망상을 제거한다면 자성이 스스로 본래 청정해져서 보리법을 수행해 부처와 더불어 평등해진다. 만약 이 뜻을 알지 못한다면 그대가 아무리 많이 배우고, 부지런히 고행하면서 나무 열매를 먹고 풀 옷을 입는다고 해도 모두 삿된 행을 하는 것이다. 다 천마외도·수륙제신이 될 것이다.

이 같은 수행이 무슨 이익이 있겠는가? 지공이 이르되 "본체는 스스로 마음이 만든 것이거늘 어찌 문자 속에서 구하는가?"라고 하셨다. 다만 지금 스스로 마음을 깨달아 사유분별임을 안다면 망상진로妄想塵勞가 저절로 생기지 않을 것이다. 정명이 이르되 "오직 한 침대에 병으로 누워 있다."라고 하였다. 이것은 마음이 일어나지 않은 것을 의미한다. 저 사람이 병들어 누워 있는 것은 반연이 모두 쉰 상태이다. 망상이 쉬고 소멸하면, 곧 보리이다. 지금 만약 마음속이 분분해 안정되지 않는다면 그대는 3승三乘·4과四果·10지제위十地諸位에 이르렀다고 할지라도 결국 범부와 성인의 차별된 경지에 머물러 있는 것이다. 모든 만물이 다 무상하므로 세력이 다하면 끝날 때가 있다. 이처럼 화살을 허공에 쏘면 그 힘이 다해서 떨어지는 것이 모두 생사윤회로 다시 돌아가는 것임을 알지니라. 이와 같은 수행은 부처님의 뜻을 알지 못한 것이며, 헛되이 고생만 한 것이다. 어찌 크게 그릇된 것이 아니겠는가!

—— ❦ ——

"정명이 이르기를 '교화하기 어려운 사람은 마음이 원숭이와 같다.'"는 『유마경』「향적불품」에 출처를 둔다. 정명은 유마거사를 말한다. 마음이 잠시도 여일하지 못하고, 쉬지 못하는 것을 원숭이에 비유한 것이다. 일반적으로 어록이나 경전에서는 마음을 가라앉히지 못하고 집중하지 못하는 상태를 원숭이에 비유한다. 『유교경』에서는 "이 나무 저 나무로 옮겨 다니며 잠시도 머물지 않는 산란한 마음을 원숭이와 같다."고 표현하고 있다. 조삼모사朝三暮四 고사에서는 원숭이를 어리석은 존재로 표현하고, 원후착월猿猴捉月 고사는 우물에 비친 달을 건지려다 물에 빠진다는 내용인데, 분수에 맞지 않는 야망으로 자멸하는 것을 비유한다.

"갖가지 법으로 먼저 그 마음을 다스린 뒤에 조복시킨다."고 하였는데, 인간의 마음이 여일하지 못하고, 늘 탐·진·치 삼독에 싸여 있으므로 이를 교화하기 위해 불교에서는 대치법을 활용해 중생을 제도하는 내용이 많이 있다. 이 대치법에 대해서는 『화엄경』에 가장 많이 언급되어 있는데, 하나만 보기로 하자.

"탐욕이 많은 중생에게는 보시를 가르치고,

행동이 무질서한 중생에게는 지계를 가르치며,

화를 잘 내는 중생에게는 인욕을 가르치고,

게으른 중생에게는 정진을 가르치며,

마음이 산란한 중생에게는 선정을 가르치고,

어리석은 중생에게는 지혜를 가르칩니다.

또 사랑이 없는 중생에게는 자애慈愛를 가르치고,

중생을 해치는 자에게는 대비大悲를 가르치며,

고통스러워하는 중생에게는 환희심歡喜心을 가르치고,

마음에 변동이 심하거나 불안한 사람에게는 평온(捨)을 가르친

다."(「보살명난품」)

"마음이 일어나면 가지가지 법이 일어나고" 이하는 『대승기신론』에 출처를 둔다. 이 말은 이 어록에 몇 번 등장하는 내용이다. 모든 것이 마음에서 작용하는 것, 지옥도 극락도 자신이 만들어낸다. 그래서 『유마경』에서는 "심청정心淸淨 국토청정國土淸淨"이라고 하였다. 미국의 심리학 창시자인 윌리엄 제임스(William James, 1842~1910)도 "생각이 바뀌면 세상이 달라진다."고 하였다. 세상은 나를 위해 존재하지 않는다. 자신이 청정할 때 주변 모두가 청정해지는 법이요, 자신의 마음에 따라 세상이 바뀌는 법이다. 내가 눈을 감고 있으면서 '세상이 왜 이렇게 어둡냐?'고 반문한다면, 이 얼마나 어리석은 자인가? 발명왕으로 불리는 토마스 에디슨(Thomas Alva Edison, 1847~1931)의 이런 말이 있다.

"마술은 마음속에 있다.

마음이 지옥을 천국으로 만들 수도 있고, 천국을 지옥으로 만들

수도 있다.

자신의 마음을 지옥으로 만들고 싶은 사람은 아마 없을 것이다.

마음을 천국으로 만들고 싶은 이들이여!

자기 마음속에 마술을 부려 즐겁고 찬란한 하루를 만들어라."

『화엄경』에도 "마음은 뛰어난 화가와 같아서 갖가지 5온五蘊을
그린다. 이 세상 모든 것들은 이렇게 만들어지지 않은 것이 없다."고
하였다. 결국 자신의 마음이 만들어낸 것으로 자신이 고통 받고(지옥
상태), 혹은 행복해 한다(천국 상태). 곧 앞에서 언급했듯이 삼계란
자신이 만들어낸 세계인 것이다. 또 원문에 드러나 있듯이 자신의
마음이 결국 6도를 만들어낸 것이다. 『육조단경』에서 혜능도 말하듯
이 "어리석으면 중생이요, 깨치면 부처이다." 스스로의 자성이 본래
청정해질 때, 바로 그 경지는 부처와 더불어 평등해진다. 이 사실을
모르면서 무조건 고행을 하면, (수행에) 아무 이익도 없는 것이다.

"본체는 스스로 마음이 만든 것이거늘~ 범부와 성인의 차별된 경지에
머물러 있는 것이다."는 앞『전심법요』 '29. 안광낙지시를 보장할
그 무언가를 닦았는가'에서도 똑같은 내용이 언급되어 있다.

"오직 한 침대에 병으로 누워 있다."는 표현은『유마경』「문수사리문질
품」에 출처를 둔다. 앞에서도 몇 번 언급되었던 내용이다. 유마거사가

아프다는 내용이지만, 아무것도 소유하지 않는 공성空性을 표현한다. 공사상은 초기불교로 말하면 무아無我·무자성無自性이요, 곧 연기사상이다. 어떤 개체적인 것일지라도 그 한 개체는 독단적으로 존립할 수 없기에 무자성이라고 표현한다. 공성을 실천적인 측면으로 말하면 무집착이다. 『유마경』이 공사상의 실천적인 측면을 강조하다 보니, 유마거사의 모습을 통해 무소유·무집착 사상을 표현한다.

19. 무심을 무심이라고 한다면, 그 또한 '무심'에 막혀 있다

誌公云 未逢出世明師 枉服大乘法藥 如今但一切時中 行住坐臥 但學無心 亦無分別 亦無依倚 亦無住著 終日任運騰騰 如癡人相似 世人盡不識你 你亦不用教人識不識 心如頑石頭 都無縫罅 一切法透汝心不入 兀然無著 如此始有少分相應 透得三界境過 名爲佛出世 不漏心相 名爲無漏智 不作人天業 不作地獄業 不起一切心 諸緣盡不生 卽此身心是自由人 不是一向不生 祇是隨意而生 經云 菩薩有意生身 是也 忽若未會無心 著相而作者 皆屬魔業 乃至作淨土佛事 並皆成業 乃名佛障 障汝心故 被因果管束 去住無自由分 所以菩提等法 本不是有 如來所說 皆是化人 猶如黃葉爲金 權止小兒啼 故實無有法 名阿耨菩提 如今旣會此意 何用區區 但隨緣消舊業 更莫造新殃 心裏明明 所以舊時見解 總須捨卻 淨名云 除去所有 法華云 二十年中 常令除糞 祇是除去 心中作見解處 又云 蠲除戲論之糞 所以如來藏本自空寂 並不停

留一法 故經云 諸佛國土亦復皆空

지공이 이르되 "세간을 벗어난 눈 밝은 스승을 만나지 못한다면 대승의 법약을 잘못 먹게 된다."고 하였다. 지금 그대가 행주좌와 일체시 중에 오직 무심을 닦는다면, 혹 분별심도 없고, 의지함도 없으며, 머물되 집착심도 없이 종일토록 임운등등하다면 마치 어리석은 사람처럼 보일지도 모른다. 세상 사람들이 그대를 알아주지 않는다고 해도 그들에게 가르쳐서 자신을 알아달라고 할 필요가 없다. 마음이 완고한 바위와 같아서 조금도 갈라진 틈이 없어야 일체법이 그대의 마음에 스며들지 못해 올연히 집착심이 없다. 이때서야 비로소 조금이라도 상응한다.

삼계의 경계를 초탈해 맑게 깨달아야만 '부처가 출세하였다(成佛)'고 말할 수 있다. 심상에 번뇌가 없는 것을 무루지無漏智라고 이름한다. 인간과 천계의 업을 짓지 않고, 지옥의 업을 짓지 않으며, 일체 마음을 일으키지 않고, 모든 연에 이끌려가지 않는다면 심신이 비로소 자유인이다. 하지만 한결같이 일어나지 않는 것이 아니라 다만 뜻에 따라 일어날 뿐이다. 그래서 경에 이르되 "보살에게 의생신이 있다."라고 하는 것이다.

만약 무심을 알지 못하고, 상相에 집착한다면 모두 마업에 속한다. 정토 불사를 할지라도 이 또한 모두 업을 짓는 것이다. 이것을 이름해서 '불장佛障'이라고 한다. 그대의 마음을 장애하기 때문에 인과에 구속되며, 거주에 자유를 잃는다. 보리 등 법은 본래 있는 것이 아니다. 여래가 설한 법은 다 사람을 교화하기 위한 것이다. 마치 누런 잎사귀를

금이라고 속여 우는 아기를 그치게 하는 것과 같다. 실제 존재하지 않는 법을 이름해서 아뇩보리阿耨菩提라고 한다. 지금 이미 이 뜻을 알았으니, 어찌 구구하게 설할 필요가 있겠는가? 다만 연을 따라 옛 업을 소멸해서 다시 새로운 재앙을 짓지 말라. 마음이 밝고 밝아진다. 옛날의 견해를 모름지기 버려라. 정명도 가진 것을 모두 버렸으며, 『법화경』에서도 "20여 년 동안 분뇨를 치우게 하였다."고 하였다. 이는 마음에서 만들어낸 견해처를 제거하라는 의미이다. 또한 "희론의 분뇨를 제거하였다."고 한다. 여래장은 본래 스스로 공적하며, 또한 법도 머물러 있지 않다. 그래서 경에 이르되 "제불의 국토 또한 다 공하다."고 하였다.

— ☙ —

"세간을 벗어난 눈 밝은 스승을 만나지 못한다면~"은 앞 『전심법요』 '29. 안광낙지시를 보장할 그 무언가를 닦았는가'에 똑같은 내용이 있다.

"임운등등"은 어떤 일이든 자연스럽게 물 흐르듯이 본연에 임하는 것을 말한다. 등등임운騰騰任運이라고도 많이 쓰인다. 본래부터 밝고, 당당하며, 지혜로운 경지에 머물러 있는 것을 의미한다. 등등화상騰騰和尙(福先仁儉, 당대, 숭산 혜안 국사의 법을 이음)의 『요원가了元歌』에 출처를 둔다.

"마음이 완고한 바위와 같아서~"는 마음에 번뇌가 들지 못하도록 틈새를 만들지 말라는 뜻이다. 이런 내용은 경전 곳곳마다 언급되어 있다. 『법구경』에는 "허술하게 이은 지붕에 비가 새는 것처럼, 마음을 잘 살피지 않으면 탐욕이 마음에 스며든다."고 하는 비유가 있다. 또한 『유교경』에서도 늘 마음을 살피라고 하면서 이렇게 말하고 있다. "마음은 이리저리 몸을 함부로 하면서 꿀단지를 들고 가며 발 앞의 구덩이를 보지 못하는 사람과 같다. 또 미쳐서 날뛰는 코끼리와 같으며, 산란한 원숭이와 같다. 그러니 마음이 함부로 날뛰거나 방일하지 않도록 신중하게 다스려야 한다. 마음을 놓아버리면 선한 공덕을 잃게 되고, 마음을 잘 살핀 사람은 선한 공덕을 쌓는다. 그러니 부지런히 정진해 마음을 잘 다스려야 한다."

"보살에게 의생신이 있는 것이다." 중생의 몸을 업신業身이라고 하고, 보살의 몸을 의생신意生身이라고 한다. 즉 중생은 업력으로 받은 몸이므로 업신이요, 보살은 수행과 공덕에 의해 원력願力으로 만든 몸이다. 정진과 수행력이 없이는 의생신이 생겨날 수 없기 때문에 보살은 자유자재로 몸을 변화시킬 수 있다는 측면으로 볼 수 있다.

"만약 무심을 알지 못하고, 상相에 집착한다면 모두 마업에 속한다."를 보자. 일본 조동종 승려 탄산(坦山, 1819~1892) 스님이 제자와 동행하였다. 마침 강물을 건너는 지점에 이르렀는데, 한 아가씨가 난처한 듯 서 있었다. 탄산은 그 여인을 업어 건너편 언덕에다 여인을 내려놓았다. 다시 두 스님이 길을 걸었고, 어느 사찰에 묵게 되었다. 그날 밤 제자는 잠을 못 이루고 뒤척뒤척하다가 탄산에게 물었다.

"스님께서는 출가자인데, 어찌 여인을 업어주십니까?"

"그래, 나는 그 여인을 일찍이 그 언덕에 내려놓았는데, 너는 아직도 그 여인을 업고 있느냐?"

마음에 두 가지 측면이 있다. 즉 유심적有心的인 측면과 무심적無心的인 측면이다. 유심적 측면은 원문대로 상에 집착해 자신 스스로 갇혀 있는 것이요, 무심적 측면은 탄산 스님처럼 여인을 업었으되 '업었다'는 관념(相)조차 없는 것이다. 이 어록에서 수없이 반복하지만, 분별심과 집착심이 없는 무분별심과 무집착심이다. 관념에 머물지 않는, 관념조차 두지 않는 무심이다.

"누런 잎사귀를 금이라고 속여 우는 아기를 그치게 하는 것"은 본서에서 몇 차례 언급된 내용이다.

"20여 년 동안 분뇨를 치우게 하였다."는 내용은 『법화경』「신해품」에 등장하는 장자궁자 이야기다. 부처님은 중생이 어리석어 제도하기 어려우므로 방편을 시설해 열반으로 가르쳐 보이지만, 방편은 참된 대승의 길이 아니다. 이에 대승의 길을 보여준다. 그러자 수보리·가섭·목련 등 성문 제자들이 다음과 같은 비유를 통해 부처님을 찬탄한다.

"한 장자가 자식을 잃어버린 지 50년이 되었습니다. 장자는 자신이 죽으면 재산을 물려줄 아들이 없어 걱정하던 무렵, 어느 날 아들이 거지가 되어 장자의 집 앞을 지나갔습니다. 일순간 장자는 그 거지가 자신의 아들임을 알아보고 뛰쳐나가 '네가 나의 아들이다'라고 외치고 싶었지만, 아들이 그 소리를 듣고 놀라서 달아날까 염려되어 멀리서 기웃거리며 바라보았습니다. 장자는 하인 하나를 유랑자의 모습으로 변장시켜 아들을 만나 잘 타일러서 그를 집에 데려오도록 하였습니다. 하인과 함께 아들이 집에 들어오자, 장자는 아들에게 거름치는 허름한 일을 시키면서 차츰차츰 아들과 친해지게 되었습니다. 그러면서 장자는 아들을 양자로 삼았습니다. 세월이 흘러 장자가 죽을 때가 되었음을 알고 친척·국왕·식구들을 모아놓고 그간의 사정을 말한 뒤, 자신의 모든 재산을 아들에게 물려주었습니다. 아들은 비로소 장자가 자신의 친아버지이며, 재산이 바로 자신의 것임을 받아들이고 기뻐하였습니다."

곧 참 일불승의 길을 알려주면, 중생들이 놀라 달아날까봐 일불승을 이해할 수 있도록 차근차근 밟아가는 길을 제시한다.

"경에 이르되, 제불의 국토 또한 다 공하다."는 내용은 『유마경』 5품 「문수사리문질품」에 출처를 둔다. 문수보살을 위시로 수많은 대중이 유마거사의 집으로 병문안을 가자마자 문수보살이 이렇게 물었다. "거사님! 이 실내는 텅 비어 시자도 없군요?" 유마가 답하되 "제불국토가 다 모두 비었습니다."라는 내용이다.

20. 어떤 편견에 떨어지지도 말고, 견처에도 머물지 말라

若言佛道是修學而得 如此見解 全無交涉 或作一機一境 揚眉動
目 祇對相當 便道契會也 得證悟禪理也 忽逢一人不解 便道都無
所知 對他若得道理 心中便歡喜 若被他折伏不如他 便卽心懷惆
悵 如此心意學禪 有何交涉 任汝會得少許道理 祇得箇心所法
禪道總沒交涉 所以達磨面壁 都不令人有見處 故云 忘機是佛道
分別是魔境 此性縱汝迷時亦不失 悟時亦不得 天眞自性 本無迷
悟 盡十方虛空界 元來是我一心體 縱汝動用造作 豈離虛空 虛空
本來無大無小 無漏無爲 無迷無悟 了了見無一物 亦無人 亦無佛
絶纖毫的量 是無依倚 無粘綴 一道清流 是自性無生法忍 何有擬
議 眞佛無口 不解說法 眞聽無耳 其誰聞乎 珍重!

만약 불도를 수학해서 얻는다고 한다면, 이 같은 견해로는 어떤 교섭交
涉도 없을 것이다. 혹은 한 기연機緣을 만들기도 하고, 한 경계에서 눈썹을 치켜뜨고 눈동자를 굴리다가 서로 맞기라도 한다면 문득 '도에 계합하였다'고 하기도 하고, '선리를 증득하였다'고 하기도 한다. 그러다 홀연히 어떤 사람과 만나 그가 도에 대해 아는 바가 없으면, 그와 대면해 한 도리를 얻었다고 일순간 기뻐한다. 그런데 혹 그에게 절복당해 그보다 못함을 느끼면, 문득 마음에 한을 품는다. 이와 같은 마음으로 선을 배운다면 무슨 교섭이 있겠는가? 비록 그대가 조그마한 도리를 얻었을지라도 다만 심소법心所法을 얻은 것이지, 선도와 교섭된 것이 아니다! 달마가 면벽한 것은 사람들로 하여금 '견처를 갖지 말 것'을 알려주기 위함이다. 그러므로 이르되 "견처(알음알이)를 잊는 것은 불도이며, 분별은 마구니의 경계다."라고 하였다.

이 성품은 그대가 설령 미혹하더라도 잃은 것이 아니며, 깨달았을지라도 (새로이) 얻은 것이 아니다. 천진자성天眞自性은 본래 어리석음도 없고 깨달음도 없다. 시방허공계가 다할지라도 (오직) 나의 심체心體일 뿐이다. 비록 그대가 움직여 조작할지라도 어찌 허공을 잃겠는가? 허공은 본래 크지도 않고 작지도 않으며, 번뇌도 없는 무위이고, 어리석음도 깨달음도 없으며, 분명하고 분명해서 한 물건도 없다. 또 사람도 없고, 부처도 없으며, 털끝만한 분별이 끊어졌으므로 의지할 바도 없고, 달라붙을 것도 없으며, 한 길의 맑은 흐름이다. 이것이 자성의 무생법인이거늘 어찌 머뭇머뭇하는가?

참 부처는 어떤 할 말도 없고, 설법을 알지도 못한다. 듣는 자 또한 들음이 없거늘 그 누가 듣는가? 편안히 돌아가시길!

"성품은 그대가 설령 미혹하더라도 잃은 것이 아니며, 깨달았을지라도 (새로이) 얻은 것이 아니다. …" 이 부분을 보면 연기법이 먼저 떠오른다. 『잡아함』 12권 「연기법경」과 견주어 보자. 석가모니 부처님께서 깨달았다고 할 때, 주제는 연기법이다. 이후 부처님께서 제자들에게 법을 설할 때, 이런 말씀을 하셨다.

"연기법은 내가 만든 것도 아니고, 다른 사람이 만든 것도 아니다. 여래가 세상에 출현했건 출현하지 않았건, 이 법은 항상 법계에 머물러 있다. 여래는 다만 이 법을 발견하여 바른 깨달음을 이루고 중생들에게 잘 헤아려 들려준 것이며, 열어 보여 나타낸 것이다."

그래서 『중아함경』에서는 "연기緣起를 보는 자는 법을 보고, 법을 보는 자는 연기를 본다."고 하였다. 연기법은 영원히 변하지 않고 머물러 있는 존재의 실상이다. 그러한 진리가 머물러 있는 세계가 법계法界이다. 자연법이自然法爾된 경지이다. 부처님께서 깨달으신 진리가 바로 있는 그대로의 실상이듯 선사들의 깨달음도 크게 다르지 않다. 일체 만물과 하나가 된 마음, 그 자리는 원래 깨달아 있는 경지로서 중생이나 부처나 모두 똑같이 구족하고 있는 청정자성이다. 잃을 것도 얻을 것도 없으며, 깨끗하지도 더럽지도 않고, 늘거나 줄어드는 것도 아니다. 그냥 그대로이다. 그래서 『열반경』에서 상락아정(常樂我淨: 涅槃四德)이라고 하였다. 곧 성품은 항상하고, 고요하며(寂靜), 참된 아我이고, 청정하다는 뜻이다.

앞 『전심법요』에서도 "마음은 생긴 적도 소멸한 적도 없으며, 형상도 없고, 유무有無에 속하지도 않으며, 길지도 짧지도 않고, 크지도 작지도 않다."라고 하였다. 또한 『육조단경』에서도 "마음은 광대하기가 허공과 같아서 무한하며, 둥글지도 모나지도 않고, 크지도 작지도 않으며, 상하上下도 없고, 장단도 없으며, 옳고 그름도 없고, 선악도 없으며, 머리와 꼬리도 없다."라고 하였다.

찾아보기

●정운

1982년 명우 스님을 은사로 서울 성심사에 출가하였다. 운문승가
대학을 졸업하였으며, 동국대학교에서 박사학위를 받았다. 현재
동국대학교에서 강의하고 있으며, 대한불교조계종 교육원 불학연
구소 실장 소임을 맡고 있다.

저서로는『붓다의 메시지가 도착했습니다』,『붓다의 가르침』,『맨
발의 붓다』,『환희 – 중국사찰기행 1』,『떠남 – 중국사찰기행 2』,『구
법 – 선의 원류를 찾아서』,『허운 – 중국 근현대불교의 선지식』,『경
전숲길 – 한권으로 읽는 경전』(2012년 문광부 우수도서),『동아시아
선의 르네상스를 찾아서』,『명상, 마음치유의 길』(2014년 문광부 우
수도서),『대승경전과 선사상』,『그대와 나, 참 좋은 인연입니다』
(2018년 세종도서 교양부문),『도표로 읽는 경전입문』,『경전의 힘』
등이 있다.

카페: http://cafe.daum.net/saribull (니런선하원)

禪典叢書❽ 전심법요·완릉록

초판 1쇄 발행 2019년 2월 20일 | 초판 3쇄 발행 2024년 10월 17일
지은이 황벽희운 | 강설 정운 | 펴낸이 김시열
펴낸곳 도서출판 운주사

　　　(02832) 서울시 성북구 동소문로 67-1 성심빌딩 3층

　　　전화 (02) 926-8361 | 팩스 0505-115-8361

ISBN 978-89-5746-533-2 94220
ISBN 978-89-5746-293-5 (총서)　값 17,000원

http://cafe.daum.net/unjubooks 〈다음카페: 도서출판 운주사〉